養生心

无住生心

一代报人刘鉴铨

（马来西亚）萧依钊　主编

刘立忠　欧银钏　著

暨南大学出版社
JINAN UNIVERSITY PRESS

中国·广州

广东省版权局著作权合同登记号：图字 19 - 2017 - 005 号

图书在版编目（CIP）数据

无住生心：一代报人刘鉴铨/（马来）萧依钊主编；刘立忠，欧银钏著 . —广州：暨南大学出版社，2017.10

ISBN 978 - 7 - 5668 - 2037 - 2

Ⅰ.①无…　Ⅱ.①萧…②刘…③欧…　Ⅲ.①刘鉴铨—传记

Ⅳ.①K833.385.42

中国版本图书馆 CIP 数据核字（2016）第 316957 号

无住生心：一代报人刘鉴铨
WUZHU SHENGXIN：YIDAI BAOREN LIUJIANQUAN
主　编：（马来西亚）萧依钊　著　者：刘立忠　欧银钏

出 版 人：徐义雄
策划编辑：黄圣英
责任编辑：牛　攀
责任校对：葛舒旸
责任印制：汤慧君　周一丹

出版发行：暨南大学出版社（510630）
电　　话：总编室（8620）85221601
　　　　　营销部（8620）85225284　85228291　85228292（邮购）
传　　真：（8620）85221583（办公室）　85223774（营销部）
网　　址：http：//www.jnupress.com
排　　版：广州市天河星辰文化发展部照排中心
印　　刷：广州天虹彩色印刷有限公司
开　　本：787mm×1092mm　1/16
印　　张：10.25
字　　数：192 千
版　　次：2017 年 10 月第 1 版
印　　次：2017 年 10 月第 1 次
定　　价：48.00 元

序一

报人的泪光

钱　钢

刘鉴铨先生是一位报人。《无住生心》以"报人"为尊称，我猜想，这不仅因为本书主人公曾获马来西亚"国家报人奖"，更可能是作者想用华文世界这一承载着厚重历史的称谓，作为刘老总生涯的标识。

汶川大地震后不久的一天，我和妻子于劲在八打灵再也的星洲日报社和刘鉴铨先生有过短暂的倾谈。我们不熟，却一见如故。信马由缰的谈话，温暖、亲近，偶有心与心的碰击。已经无法追忆谈话内容，然而清清楚楚的，我们记得刘先生眼里一闪而过的光亮。是的，是泪光。

读《无住生心》，就是读这一抹光亮。字里行间，可见黑苍苍的大山，有经年的腐叶、荆棘藤萝、猛虎，还有缠足的毒蛇。那个习螳螂拳自卫的少年，小心节省地舔着仿佛印着细密年轮的圈圈饼，走出这山，却步入另一片更凶险的丛林。这是一位报人的生命史，也是《星洲日报》这份报纸生命史的重要一章。

报人是报刊业从业者，但并非所有办报者都配得上"报人"之名。为强权奔竞的社长、总编，大概更愿意称自己是官员；金钱至上的报老板，也对"报人"避之唯恐不及。报人视报刊为公器，讲人格、讲报格，不媚强梁、不阿群众，有所争有所不争。然而这一切，知易行难，在大变动时代，在转型社会，尤难。

今天的转型，肇始于政治与社会的演变，亦发端于资讯科技的腾飞。人们已在预测，某年某月某日，报纸将寿终正寝。然而我坚信，变形、消失的，只是资讯载体的外在形态。即使有一天，触摸屏上的浏览完全代替了印刷媒体的阅读，媒体传统的基因仍将长存，"报人"独有的气息仍会飘漫，前辈报人的故事，依然会令真正的传媒人心驰神往。

报人，他们是怎样的人？

他们或许嗜书如命，却与术业有专攻的学者风格不同；或许不乏才情，却不是天马行空的艺术家；他们天天和政治打交道，有时简直成了"政治动物"，但

老实说，他们绝大多数不适合从政，因为他们生性太率直天真。

选择做报人，是选择一种人生。我曾对大陆的传媒朋友说过：新闻，是活泼的人从事的严谨的事业，是炽热的人肩负的冷静的使命，是浪漫的人从事的一锤一凿的艰辛劳作。《无住生心》说的，不也正是这样的故事？

报人赖以支撑自己的哲学，其实不深奥，甚至可以说"卑之无甚高论"。本书记述的报人生涯，定会勾起台湾同行的记忆，让他们回到那并不遥远的"黑夜里寻找星星"的昨天；会让中国大陆同行掩卷叹息。深山里的石竹，从岩石缝隙里顽强探头，追着一缕阳光扭曲生长。这不正是华文世界众多追求新闻自由的人的真实写照？

刘老总说，新闻自由其实就是吹气球，你吹得太大，气球就会破，但你不用力去吹，气球就越来越小，你就越来越远离真相、远离正义，读者就会离你而去；刘鉴铨先生说，媒体受约束的范围，犹如一个圆周，一个听话或者胆小怕事的新闻人，会一直停留在圆心，其实在圆心和圆周之间仍有很大的空间，一个好的新闻人，应该尽量去接近圆周，在踩中地雷之前，还有很多发挥空间；他还说，在火山和地雷阵前，要选择绕行的道路……

他不会为此自豪。这些话语是苦涩的，它折射出现实的冷酷，透出深深的无奈，很难被渴望毕其功于一役的激进青年认同，甚或会招来误解乃至攻讦。马来西亚的报人在"丛林"中有自己的"螳螂拳"，无独有偶，中国传媒有"猴拳"，他们形容自己是在"八仙桌下打猴拳"，制约重重，唯有靠毅力和智慧撑开空间。

在史书和现实中，我认识许多报人。他们挺身站立，但称不上参天大树；各有其勇，但未必成为英烈。他们带领着长长的队伍，为将士愁，为粮草忧，风里雨里，踉跄前行。他们配得上"上善若水"的哲言，因为他们甘愿"处众人之所恶"。他们并不炫目，但在自己认定的位置，执拗地、恒久地发出微弱的光。

新闻事业正在经历深刻变革。我爱这个事业，它是亿万点星光汇成的浩瀚银河。在那里，有刘鉴铨先生的一抹光亮。

（钱钢是我国著名报告文学作家及记者，现任香港大学新闻及传媒研究中心中国传媒研究计划主任）

序二

替一位老报人历史添加一点注脚

王健壮

其实，我跟刘鉴铨先生至今只有一面之缘。

时间是 2010 年 11 月 9 日，地点在台北市新舞台，他是第二届"星云真善美新闻传播贡献奖"海外地区得主，我是台湾地区得主；我们两人虽比邻而坐，但因为彼此陌生，那天晚上我们之间仅仅礼貌性地寒暄了几句。

在与刘先生初识前，他的名字我当然早就听过；他的故事——一个马来西亚华文媒体老报人的故事，我过去也略有所知。但当我看到萧依钊写的主旨是"I need your help"的那封 e-mail 时，我仍然犹豫了一会儿：为一本纪录刘先生报人故事的书写序言，可能太冒失了吧？我虽知其人其事，但终究与书中主角只有一面之缘，可能不太适合吧？但几个小时后我回 e-mail 给依钊："我虽然只跟刘先生在台北见过一面，但能替一位华文媒体令人尊敬的老报人历史添加一点注脚，我义不容辞。"

我对"报人"这两个字、这样一种角色，一向有解不开的情结。几年前，我曾为香港《明报》副刊写过一篇文章，标题是"举目不见一个报人"，文中既感慨文人办报的传统已被商人办报的现实所取代，也感慨新闻圈中已无人再以报人自期，许多人对市场规则妥协，没有人再以追逐影响力作为办报的最高价值。我甚至很悲观地做了一个预言："期待另一个报人的诞生，确实就像期待弥赛亚降临一样，永远只是个梦。"当年的预言，证诸台湾今日媒体的动荡起落变化，不幸果然成真。

但台湾地区已经消失的报人身影，却出现在马来西亚的土地上。萧依钊曾说："（20 世纪）70—90 年代，我们马来西亚的新闻人都在仰望台湾。"所谓仰望，就是仰而望之，有羡而慕之的意思，也有学而习之的味道；但夸张一点说，那个年代的台湾媒体即使不是华文媒体的典范，起码也是个模范生。

2010 年 12 月下旬，我应依钊之邀与香港名嘴杨锦麟组成"港台二人转"去吉隆坡与槟城演讲那几天，我从《星洲日报》版面的字里行间，却仿佛看见了

70—90年代台湾媒体的影子，依稀旧时影，让人蓦然又怅然。

马来西亚华文媒体走过的路，坎坷一如早年台湾媒体。刘鉴铨先生说马来西亚新闻人头上有"五把刀"，台湾地区当年在"戒严"时期新闻人头上的"刀"可能逾九把；刘先生警告年轻记者新闻线上有许多"地雷"，台湾地区当年更不知有多少人因误踩"地雷"而受害受难；刘先生那一代的马来西亚华文新闻人曾经历1969年的"五一三事件"与1987年的"茅草行动"，台湾地区媒体当年卷入的政治事件数不胜数。

马来西亚媒体目前正走在新闻自由"多少"的路口。如果哪一天政治彻底松绑了媒体，头顶上的"五把刀"消失了，脚底下的"地雷"也扫除了，马来西亚新闻人也要像现在的台湾地区的新闻人一样，面临着新闻自由"好坏"的考验。刘鉴铨先生说"政治令人性的丑恶毕露"，"一半的真话也要说"，不仅表示他一生在争取新闻自由的"有无"，也代表他对新闻自由"多少"的期待。

刘先生也许不喜欢被人以英雄视之，但新闻事业在本质上从来就是英雄的事业。一部人类新闻史，或者说一部华人新闻史，都是英雄写的历史，记载的也都是英雄的故事；刘先生从山林之子一步步蜕变成报人，半个世纪的新闻生涯让《星洲日报》一步步从小报变成大报，当然更是英雄写历史，他的故事也当然是英雄的故事。

报人之所以被称为报人，就像reporter被称为journalist一样，都是角色价值的被肯定，证明他们有道德勇气，也有进步意识。华人新闻史中"报老板"何其多，像刘先生那样被人称为"老总"的人也何其多，但报老板与老总能被当代人甚至后辈人定位为报人的却寥若晨星；"即使是在最黑暗的年代，我们也有权去期待一种启蒙，这个启蒙或许并不来自理论和概念，而是更多地来自一种不确定的、闪烁而又经常很微弱的光亮"，我一向很喜欢Hannah Arendt的这句话，也经常用来形容我尊敬的一些新闻人："他们是黑暗年代中不间断地在闪烁的那些光亮，烛照当年，也引领后世。"

我虽与刘先生只有一面之缘，但就像他办公室挂的高适写的那首诗的那两句"莫愁前路无知己，天下谁人不识君"，我虽非刘先生知己，但识君久矣，能替他的故事添加一点注脚，并写下Hannah Arendt那句话送给他，代表的是一位台湾老记者向马来西亚老报人的致敬。

青山不老，这是个隐喻，形容刘鉴铨先生，也形容他奉献五十年的《星洲日报》：他们的历史，"写在马来西亚的土地上"。

（王健壮是著名评论作家，曾任台湾《"中国"时报》总编辑、社长，现任世新大学客座教授）

目　录

第一章

春华秋实

2010 年的 10 月，对刘鉴铨来说，可谓"双喜"临门之月。

这年的 10 月 5 日，台湾星云教育基金会宣布，时任世华媒体集团资深顾问、星洲媒体集团董事经理兼集团编务总监的刘鉴铨，获第二届"星云真善美新闻传播贡献奖"。

来自海外的喜讯刚传，隔天，即 10 月 6 日，马来西亚国内捷报又至：刘鉴铨荣获由马来西亚新闻协会（Malaysia Press Institute）所颁发的国家最高荣誉新闻奖——"国家报人奖"。

"国家报人奖"是马来文"Tokoh Wartawan Negara"的直译。《星洲日报》副总编辑，同时也是马来西亚时评名笔的郑丁贤，后来在他的专栏里如此诠释：

"报人"是中文特有的一个用词，只能意会，难以定义。

大致说明，就是有守有为有风骨，奉献新闻专业的人；譬如民国时代《大公报》的张季鸾，为了新闻自由和专业，可以把性命放在一旁。

从事新闻工作的人千千万万，但是，能坐到"报人"的位置，凤毛麟角。

而马来文 Tokoh，也有点抽象；必须把影响力、贡献、典范串在一起，成就卓越，才有 Tokoh 的分量。

……报人和 Tokoh，是两种不同文化的意涵；字义上已经很接近了，但是，在精神方面，还是有一些不同。

而当报人遇见 Tokoh，是一种能够擦出火花的撞击，也是一种美妙的融合。

创设于 1988 年的马来西亚"国家报人奖"，评审团由著名学者组成，遴选标准非常严格，22 年来仅有 8 位报人获此殊荣。之前的 7 位得奖人皆来自英文和马来文报章，依序为：

（1）丹斯里阿都·沙末·依斯迈尔（Tan Sri A. Samad Ismail），1988 年；

（2）丹斯里李秀毓（Tan Sri Lee Siew Yee），1992 年；

（3）拿督依沙·哈芝·莫哈末（Datuk Ishak Haji Muhammad），1995 年；

（4）敦莫哈末·费德·史提芬（Tun Mohamed Fuad Stephens），1998 年；

（5）丹斯里米兰·阿都拉（Tan Sri Melan Abdullah），1995 年；

（6）丹斯里马斯兰·诺汀（Tan Sri Mazlan Nordin），2000 年；

（7）丹斯里再努丁·迈丁（Tan Sri Zainuddin Maidin），2006 年。

有别于第八位得奖人刘鉴铨乃"一介布衣"，这七位得奖者除了在新闻界服务外，也曾在政府里担任官职或在国家政党中身居要职，政治色彩浓厚。

刘鉴铨是唯一不带官方或政党色彩、无党无派的得奖人，也是马来西亚华文报坛上获此荣誉的第一人。

无怪乎上一届（2006 年）"国家报人奖"得主，现为"国家报人奖"评审团主席，曾任马来西亚新闻部部长的再努丁·迈丁在颁奖礼上致辞时，会将刘鉴铨形容为"难能可贵的纯粹报人"。

两大荣誉接踵而至，刘鉴铨是"双喜"的主角。但从宏观论之，"双喜"不完全属于刘鉴铨个人。

在华文报业跋涉半个世纪，刘鉴铨与《星洲日报》风雨同舟、荣辱与共。数十载在新闻路上涉险渡难、披荆斩棘，他就像一只啼血的杜鹃，在风声鹤唳中永不放弃地为真理而歌。

高山流水，琴瑟和鸣，刘鉴铨与《星洲日报》在一次次突如其来的打击中伤痕累累，但也一次次凤凰涅槃般选择了顽强崛起。

因此，今天看似理所当然的荣誉，光环的背后却承载着太多难以言述的沉重。它属于刘鉴铨，属于《星洲日报》，也属于马来西亚华文报业的长征之路，事实上，它更应该属于马来西亚的新闻史。

刘鉴铨的"双喜"临门，应是对一位新闻斗士创伤的平复，亦是对勇士和智者的褒奖。无论如何，历史终于用这样一个客观醒目的"符号"，诠释了华文报章在筚路蓝缕之后，与马来西亚这块美丽土地无法分割的情缘。

荣誉的光环，很炫目；荣誉的背后，很纠结。那些看不见的弥漫硝烟，那些听不到的两岸猿声，那些刻骨铭心的风风雨雨，那些催人泪下的暗淡与绝处，那些痛彻心扉的桎梏与诽谤，那些为新闻理想而承受的重压，依然回响并镌刻在历史的深处，没有湮灭，也不能湮灭。逝者如斯，但正直的人们因为道义永远不会选择遗忘。

这是一个足以诠释历史的节点，而历史，总是用客观甚至冷酷的方式，昭示未来。鉴于此，刘鉴铨的"双喜"临门，实际上串联起了马来西亚华文报章的前世与今生。

这是机缘，亦是必然。

在马来西亚"国家报人奖"颁奖典礼上，马来西亚新闻协会执行长拿督查米尔声明，"国家报人奖"旨在表扬将一生奉献给新闻事业的业界翘楚，获提名者须符合该协会四项标准才能得奖。该会每年都接获一至两名候选人提名，但这并不等于这些候选人能够符合该协会制定的四项标准。

马来西亚内政部副部长、拿督阿布瑟曼颁"国家报人奖"给刘鉴铨

"这四项标准包括担任新闻从业员期间不断写出优秀的作品、直接或间接通过媒体为读者群贡献想法或理念、在所服务的媒体公司或非政府组织贡献良多，以及比同一辈的新闻从业员表现杰出。"

就是在这样高规格的标准下，刘鉴铨成为第八位获奖者，也是获得此项殊荣的第一位华文报人。

从1961年加入《星洲日报》任职记者至今，一直全心全意地投入其中，从思维到理念，刘鉴铨与《星洲日报》早已融为一体，个人的荣辱得失，早已云淡风轻。

当然，得知获奖的那一刻，他也有些小小的开心，但更多的是涌动在内心的诸多感慨。

他首先想到的是《星洲日报》。那些与报纸一起成长的日子里，与报社同仁肝胆相照的日日夜夜，历历在目。这是他殚精竭虑奉献了半生的事业。时光恍惚，《星洲日报》从当年的艰苦经营，至今已成长为马来西亚第一大报，乃至大陆和香港、台湾以外地区的最大华文报，而他已年逾古稀，满脸沧桑。

不过，在颁奖礼的会场上，内心涌动的感慨在平复后反而显得异常平静。当他受邀上台发表得奖感言时，依然一贯从容，在不卑不亢中把华文报半个世纪以来，在马来西亚所面对的境遇、所扮演的角色、所传承的使命，以及对国家、对社群的功能娓娓道来。

　　但在他理性平和的语调中，却彰显着难以抗拒的张力："我个人认为，这个奖不是对我个人努力的褒扬，而是对我任职半生的《星洲日报》在新闻事业及国家建设方面所扮演的角色的一份肯定。"

　　他详述了《星洲日报》的现实情况和办报理念："作为一份报纸，服务读者是我们的天职。倘若我们做得好，我们便能和读者发展出一段相互尊重、恒久互惠的关系；倘若我们做得不好，读者将转向其他报纸、其他媒体。读者有很多的选择。""可是这么简单的一个事实，往往被一些政治人物及怀有不明议程的人士遗忘。他们期望我们可以毫无保留地支持他们的政策和举措，然而，我们必须恪尽我们的专业职责。要是其目的纯良高尚、行动计划透明，我们一定支持，无论背后有哪些政治信念和倾向；反之，若其动机可疑，行事违反基本人权，我们绝不支持。"

　　刘鉴铨话锋一转："于华文报纸而言，由于许多政治人物与公务员看不懂我们的报纸，遂使得问题更为复杂。他们是依赖翻译内容得出结论。翻译员虽无恶意，但有时可能免不了无心之失。"

　　刘鉴铨并不回避事实："无可否认，《星洲日报》一直面对着各种投诉。首先是来自读者的投诉。《星洲日报》每天的服务对象是人数超过百万的读者群众，我们无法满足每个读者，当中如有人不满，完全是预料中的事情。但就连不看报纸的人也投诉。比方说，这些非读者总是指责《星洲日报》为种族沙文主义者。"

　　刘鉴铨更不回避敏感问题："的确，我们一直在反映马来西亚华人的种种不满，并且在许多课题上维护华人权益，那是我们的职责所在。但我们也一贯在'一个多元族群、多元宗教、多元文化的马来西亚'范畴下提出问题，绝不会从一个族群对抗另一个族群的视角看待问题。""随之而来的指责是，我们不提倡多元族群主义。何其讽刺啊！事实上，我们对其他族群的报道要比其他语文报纸对华社的报道来得多。其实，我们比其他平面媒体的同行更致力于推动族群之间的了解和多元种族主义。"

　　刘鉴铨提到了媒体在政治环境下所面对的打压："我们的对手也指责《星洲日报》老是抓着'敏感'课题不放。什么是'敏感'？我们国家（指马来西亚）还是那么不成熟吗？竟然有如此多的课题，让我们无法理性、客观地加以讨论？"

　　他引述了一位睿智的法学家的话："要测试一个国家的成熟度，就要看这个国家谈论关键性课题的公开程度。"

　　他也引用了首相纳吉布的讲话："不同族群与宗教间之所以会有恐惧、冲突和误解，根本原因在于无知及缺乏知识。"

　　那么，大家该怎么做？刘鉴铨给出的建议是："真心诚实地对谈。带有偏见

的言论和话语只是逞个人意气，却伤害感情。互相伤害绝非我等应为。"

刘鉴铨表示，他相信在马来西亚独立 53 年后，经历了数十年发展的马来西亚人民，能以理智、文明的方式探讨国家课题，而不是诉诸过分或情绪性的言语。他说："我们不能将事情都扫入地毯下，让情况继续恶化下去，抑或袖手旁观，然后期盼我们的下一代比我们明智，并且有能力解决我们惹出来的事端。就我个人而言，我相信人性本善。如果我们真心地对别人好，别人必定同样回报我们。是政治令人性的丑恶毕露，我们应当奋力抗拒社会各个领域和生活各个层面的政治化。""在我的新闻工作生涯里，我一直尝试唤起读者这种善良的天性。我深信，只要立足诚信和善意，就不会有解决不了的问题。话虽如此，我可以向您保证，作为一家报社，我们充分认识到某些事情的敏感性，尤其是不受宪法保障的事项。对这些事项可以理性地谈论到什么程度，我们是有分寸的。"

他说，除了"敏感"课题，一些人还指责华文报反国阵（也就是反政府），以及亲反对党。对此，刘鉴铨的回应是："作为一份为马来西亚人民服务的马来西亚报纸，我们朝建立一个拥有多元族群、宗教和文化，但团结如一的国家而努力。因此，假如有人的政策或举措与这目标背道而驰，即使他是当权者，我们都会仗义执言，我们视之为己任。"

他指出，自从有了互联网，人们更易获取信息。但有时候网上的信息是错误及有害的，因为网络几乎没有限制，任何人都可以散播谎言，甚至恶意诽谤他人。肇事者通常匿名，如此一来，他们更可以肆无忌惮地重复那些无知或伤害他人的举动。

"在这充斥着意识形态与信息的竞争市场里，请让我们有做好新闻工作的空间。如果我们畏缩，我们得做好承担后果的心理准备。"

刘鉴铨认为，报社无时无刻不受到各方的监察。在评断新闻工作者（事实上是评断媒体内容）方面，平面媒体、互联网或其他大众传播媒体，都应该以下列几个问题为依据："一、事实有误吗？若有，寻求法律途径加以纠正是最佳的选择，可以针对不符事实的报道或观点提出诉讼。二、有虚构成分吗？倘若媒体人，例如新闻工作者及拥有很多追随者的博客、脸书（Facebook）或推特（Twitter）作者虚构事实，那是恶意、不诚实及不可饶恕的行为，应给予严惩。三、有违法吗？纵使没有不实或虚构成分，那么，有否违法呢？若有，应当采取相应行动，寻求民事诉讼。追究过失和适当的惩戒，必须依照法律办事，不能武断或任意妄为，这才是法治的内涵。""不过，要是没有犯错或违反道德，没有违法，却还是造成了公共秩序的混乱，作者或出版者应该受罚吗？如果作者或出版者忽视作品或出版物可能带来的影响，他们必须承担后果。我崇尚新闻自由，但相信新闻自由应附带责任。我坚决认为，这种惩戒必须依照法律，而不是行政指令。

而且引用的法律必须是公平、公正，而非压制性的。"

他补充说："在通过上述的考验之后，我们期望可以在法律范围内行使宪法赋予我们言论自由的权利。我也坚决认为，那些持反对意见的人——无论是政治人物、政府官员、其他媒体或公众人士——皆有同等的言论自由权利，而且应通过同样的考验。孔子曰：'己所不欲，勿施于人。'我们不愿言论自由的权利被剥夺。同样地，我们也不愿看到，那些反对我们的人的言论自由权利被剥夺。我们极力捍卫他们的言论自由权利，即使他们的言论是针对我们的。"

这是罕见且独特的获奖感言，在一个皆大欢喜、洋溢着喜庆气氛的会场上，借着"国家报人奖"颁奖典礼这个最恰当的舞台，刘鉴铨用他一贯"要说真话"的作风，表达了一个报人发自肺腑的新闻理想和内心诉求，甚至不担心会否触犯当权者的敏感神经，不在乎会否让一些人觉得不舒服。

对着台下的高官和同行，刘鉴铨摒弃浮泛的虚言与华而不实的空话，句句情真意切，让一个国家反省，并在反省中向前。

台下，掌声雷动。

颁奖仪式结束后，面对来自四面八方的祝贺，刘鉴铨说了很多"感谢"。他说，这"感谢"不是一种应对，是内心感恩之情的表达。他还说，人需要怀有一颗感恩的心，无论是对赞誉你的人还是质疑你的人，甚至反对你、诽谤你的人，你都要去感恩。因为，朋友会让你感受支撑的温暖，敌人则会让你更强大。

追求真理，自力图强，所以愈挫愈勇，百折不挠，这就是刘鉴铨，这也是《星洲日报》的成长秘诀和获奖真经。

马来西亚中华大会堂联合总会（简称"华总"）会长丹斯里方天兴向刘鉴铨道贺，他说："这个至高无上的国家报人奖，我想，对刘鉴铨是个肯定；更重要的是，他在媒体和新闻界不断努力追求、秉承和实践的专业、公平与正义的崇高精神。

"刘鉴铨以将近半世纪的宝贵人生经验，为新闻工作和事业开拓对社会负责的新闻自由的新境界，并在他的团队和集团的努力下，让这种绝对符合马来西亚多元国情的新价值观，逐步成为主流，这是非常难能可贵的。"

"国家报人奖"评审团主席丹斯里再努丁称赞刘鉴铨："为新闻界树立了一套放诸四海皆准的新闻从业员专业主义，坚持新闻从业员的专业和标准原则，以身作则栽培了一批富有奉献精神和专业的新闻从业员，最后登上了事业的巅峰。

"刘鉴铨经常自我警惕，要为整个报业负起全责，而不是为了任何一方的利益或个人利益服务；因此，《星洲日报》向来秉持正义、公平和人道精神的原则。"

再努丁透露，评审团一致认为，刘鉴铨是华文报界的无名英雄，因此，颁予"国家报人奖"是给予他最实至名归的荣誉。

再努丁说："在报界服务 48 载的刘鉴铨是'纯粹的报人'（Wartawan Tulen），不曾半途从政，半世纪都在报界耕耘。如果刘鉴铨也是一名从政者，则比较容易获得'国家报人奖'，就如我和其他四名得主一样；但是，刘鉴铨一辈子坚持在报界服务，实在难能可贵。"

再努丁回忆《星洲日报》陷入财困时，时任《马来西亚前锋报》总编辑的他曾适时伸出援手；他也记得，当《马来西亚前锋报》的印刷机器坏了，《星洲日报》和《南洋商报》也曾经协助印刷该报；新闻同业之间交情不浅，报业公司之间也不时互助。

"1987 年'茅草行动'，《星洲日报》被吊销出版执照，当时担任总编辑的刘鉴铨为复办报纸而四处奔走，包括见了当时的首相敦马哈蒂尔。后来报社终于可以重新营运，却面对财务和新闻纸短缺的问题。

"为了解决财务问题，刘鉴铨等星洲高层也找到现任世华媒体集团执行主席丹斯里张晓卿的支持，让《星洲日报》能够继续发展，成为除了中国之外，目前世上最大的华文报业集团。"

再努丁很欣赏刘鉴铨在担任《星洲日报》总编辑时，能够毅然改变当年华文报的传统，放弃采用国外新闻作为封面头条，改为专注于本国政经文教各领域的新闻，"当时这是创举，其他竞争者纷纷跟随"。

在英国社会，刘鉴铨的知名度和受尊重程度，其实并不亚于华社。因此，刘鉴铨不时会受邀到新闻研讨会或座谈会去演讲。另外，如果马来西亚发生大事件，外国通讯员在写分析文章前也会咨询刘鉴铨的意见。但刘鉴铨在给他们提供资料或意见时，总是提出一个条件：不能提他的名字。

同是资深媒体人的首要媒体集团执行主席佐汉·嘉化（Johan Jaaffar）表示高兴看到刘鉴铨获奖。他指出："刘鉴铨和首要媒体集团的拿督阿默达立（Ahmad A. Talib）皆是我国'最后的莫希干人'（The Last of the Mohicans，喻濒临绝种的人）。当今世上，尤其是在这片土地上，还有多少像他们这样的报人？直到今天，他们依然从事新闻工作。和他们同一辈的人可能早已另谋高就去了，抑或永远离开了新闻行业。又或是在某些情况下，就像那些杰出的记者们一样——他们不是逐渐淡出，而是离开了人世。

"在刘鉴铨身上，反映出杰出新闻工作者的献身、坚持和奋斗精神。他心中那团熊熊的火焰持续燃烧到今天，实在令人敬佩。可以借此提醒年青一辈的新闻从业员，新闻事业并不只是报道新闻，还包括了幕后的人物——纸媒的无名英雄。"

　　在华人人口仅占国家总人口约四分之一、华文并非官方媒介语的马来西亚，华文报人能够获得"国家报人奖"，有着华文报受到国家肯定的深层意义。

　　其实，对个人来说，今时今日的刘鉴铨并不需要一个奖项来肯定他在新闻界的贡献，但他代表的是华文报，他的得奖也意味着华文报的努力与地位终获马来西亚政府的认可。这样的荣誉对华文报人来说既属前无古人，随着媒体生态的急剧变化，也可能会后无来者。

　　但刘鉴铨认为："历史自然无法更改，但是，未来有各种可能性。今天的我，是报业形势造就的。"

　　身为一个马来西亚人，刘鉴铨以忠于自己的民族及国家、致力于促进族群和谐为己任。他一直通过媒体传递这个理念："在我们这种多元文化、多元语文、多元宗教背景下，要建立一个团结融洽的国家，必须让各民族循序渐进地自动融合，而不是通过强制或者同化来达到预定的目标。"

　　这是刘鉴铨的理念，也是《星洲日报》一贯的办报理念。

刘鉴铨证件

当星洲媒体集团编务总监刘鉴铨和《南洋商报》前总主笔张景云同时获得"星云真善美新闻传播贡献奖"之"马来西亚地区传播贡献奖"的消息传来时，刘鉴铨有些惊诧。他事前根本不知道自己被提名。

因为熟知他低调的个性，所以提名一事，时任世华媒体集团总编辑的萧依钊、《光明日报》总编辑彭早慧和时任《星洲日报》副总编辑的曾毓林特意瞒着他进行。刘鉴铨对星云大师设立"真善美奖"一事虽略有耳闻，但他直至接到星云真善美新闻传播奖委员会通知后才去了解它的深刻内涵。

"星云真善美新闻传播贡献奖"由佛光山开山宗长星云大师于 2009 年创立，缘于大师有感：

> ……媒体是新闻王国，不但满足人民"知"的需求，对于社会善良风俗的道引，传播媒体所负的责任尤其重大。因为感于传播文化的使命，媒体扮演着举足轻重的角色……
>
> ……成立"真善美新闻（传播）贡献奖"，希望鼓励媒体人，无论报道任何新闻，举心动念都能更好、更美，都能负起监督政府施政、促进社会和谐的角色。
>
> ……媒体人是社会的精英，是社会的知识分子，所谓自由的无冕之王，他们平时冲锋陷阵，深入社会各角落发掘新闻的辛苦，其实也需要社会各界给予鼓励，因此希望"真善美新闻（传播）贡献奖"的颁发，能为传播界注入一股动力。

第一届"星云真善美新闻传播贡献奖"表扬了四位台湾地区的新闻界典范人物。为让更多华人媒体共襄盛举及加强影响力，第二届的奖项范畴则扩及包括中国大陆、中国香港、马来西亚、新加坡在内的华文媒体。

第二届"星云真善美新闻传播贡献奖"的评选委员，考虑到刘鉴铨是马来西亚新闻界的资深媒体人，在十分不重视华文的国度，仍坚持理想与专业，持续引领华文报业维持经营，其不卑不亢的态度与协调能力，对当地华文媒体发展贡献卓著，于是把奖项颁给了他。

刘鉴铨决定赴台湾出席颁奖典礼——距离他上一次登上国际航班出国（离开马来西亚），已相隔将近十年。

不愿意出国，是刘鉴铨这十年来的一个心结。

身为佛教徒的他，笑称自己还是未能做到佛家所云的不受利、衰、毁、誉、称、讥、苦、乐"八风"所动，达不到"八风吹不动"的境界。

这一次，他"不愿意出国"的心结被打开了。打开心结的并不是获奖，而

是对星云大师的崇敬，以及"真善美"三个字所蕴含的精神感召力。

第二届"星云真善美新闻传播贡献奖"于 2010 年 11 月 9 日晚间 7 点半，在台北市新舞台举行颁奖典礼，华文媒体界人士及佛教界高僧、宾客共千余人出席了这场盛典。颁奖礼上，刘鉴铨从《人间福报》总主笔柴松林教授手中接过新闻传播贡献奖奖杯，心潮微澜。

刘鉴铨当即做出决定："受星云大师大爱精神的感召，我决定把 50 万新台币奖金全部捐赠给筹建中的马来西亚佛光山松鹤安养中心和星洲日报基金会清平乐长者之家。"

刘鉴铨虔诚地说："今晚，我感到荣幸，能站在这里和华文媒体界的先进（人士）及佛教界的大德高僧见面，领取新闻传播贡献奖。我深知，这个奖不只属于我的，而是属于所有为马来西亚华文报业献身的新闻工作者。

"只有在马来西亚华文报工作过的新闻人，才会体会到，华文报的新闻人要承受多大的压力，经历多严峻的考验，面对多少的偏见和歧视。

"经过几代新闻人的努力，马来西亚华文报才能在遍地荆棘中开出一条生路。就中国文化而言，马来西亚处于边缘。感谢星云大师时时关怀马来西亚华文媒体人，把这个奖的遴选规模扩大至马来西亚。

"今天，我怀着虔诚谦卑的心情接受此奖。对我来说，这个奖不只是一种嘉许，也给了我新的任务，鞭策我继续努力带领年轻同道坚持新闻理想，重视社会责任和人文关怀，共襄建立真善美社会大业。"

刘鉴铨的发言引发全场共鸣，掌声热烈。

《人间福报》总主笔柴松林教授颁"星云真善美新闻传播贡献奖"给刘鉴铨

这其中，获得同届"星云真善美新闻传播贡献奖"之"终身成就奖"的台湾《联合报》顾问张作锦的鼓掌很给力。他向在场采访的记者说："刘鉴铨在贫寒的生活环境中努力求学，踏出校门就进入新闻界，从基层记者做起，至今已有50年。刘鉴铨以专业精神引领马来西亚华文报业，坚守岗位，突破威权，频遭顿挫，经历《星洲日报》出版准证被吊销等大灾难，但他不屈不挠，救亡图存，复刊之后继续奋斗，未改初衷，高瞻远瞩。"

张作锦强调："刘鉴铨是我深深佩服的马来西亚新闻人。刘鉴铨获奖实至名归，表征着他身为新闻人的风骨，永远为理想奋斗，永远为人类生活的真善美工作。"

马来西亚华总文化委员会主席陈达真说，"星云真善美新闻传播贡献奖"颁给星洲媒体集团编务总监刘鉴铨，可说是实至名归。

"《星洲日报》可说是东盟地区华文平面媒体中最好的报纸，甚至可媲美台湾、香港和中国大陆。这家媒体通过丰富新闻和知识传播，为读者提供精神食粮，让读者成长和接受文化熏陶，协助提高国家和人民的文明水平，并以更高智慧处理多元社会问题。"

陈达真认为，"星云真善美新闻传播贡献奖"是令人向往的奖项，相信对后起的新闻传播人更具有凝聚作用。上述奖项的意义也肯定了在马来西亚地区长期从事新闻工作传播者的努力。

"星云真善美新闻传播贡献奖"颁奖礼后的第三天，刘鉴铨与同行的萧依钊、曾毓林一起赴高雄拜访佛光山。

没想到因缘殊胜，此行竟让他们在星云大师主持下皈依佛门。

自从皈依佛门后，刘鉴铨即勤读大师的著作，不事张扬，只在内心为真善美修行。

此次拜访，刘鉴铨还喜获84岁的星云大师赠予的"一笔字"墨宝。

星云法师近年来视力渐弱，几近失明，但无阻他提笔蘸墨，以心之眼在宣纸上写下"无住生心"四个字，送给来自远方的刘鉴铨。

刘鉴铨看着大师写下这四个字，不由沉吟不语良久。后来才转过头低声问随行的萧依钊和曾毓林："大师能透视人心？不然，这四字怎么好像为开解我近日心中所思所苦而写的呢？"

刘鉴铨在"星云真善美新闻奖"座谈会上发言

星云大师赠刘鉴铨的"无住生心"墨宝

关于这段因缘，萧依钊在后来的《当媒体人遇到高僧》一文中，这样表述：

"菩提本无树，明镜亦非台；本来无一物，何处惹尘埃？"我一直很喜欢禅宗六祖惠能的这首偈子。

两个月前，有缘听星云大师开示，方才知晓，这只是六祖在未得道前的境界。后来惠能得到五祖弘忍传法，闻说《金刚经》中的"应无所住而生其心"后顿开茅塞，从"无所住"进一步悟到"而生其心"了。

事缘"星云真善美新闻传播贡献奖"颁奖礼在 2010 年 11 月 9 日举行，刘鉴铨先生到台北受奖，我和毓林随行。

11 日早上，我们约了好友南方朔到所挂单的佛光山台北道场茶叙。挂着拐杖的星云大师突然出现在门口，谦和地问："我可以进来吗？不会打扰你们吧？"

南方朔先生和刘鉴铨先生分别是第一届与第二届"星云真善美新闻传播（贡献）奖"的得奖人。大师不仅亲来跟两人见面，还题字赠给两人。

星云大师赠予刘鉴铨先生的是"无住生心"四字，并且开示："如果我们的心能在无住中生，这心便可遍通一切处、一切时。就好像我们出家人，无家，却处处家。如果我们心有所住，有所分别，便执着于某一处、某一点，而无法遍处融通。无住，就是不执着是非、人我、得失，而超越是非、人我、得失。无住才是真住，无住才能无所不住，才能成就菩提、证悟法身。无住生活，就是能够对外境超然，不执着己心的生活。在生活中照见般若自性，更自在的生活。"

刘先生注视着"无住生心"四字沉吟不语。良久，转过头低声问我们："大师能透视人心？不然，这四字怎么好像为开解我近日心中所思所苦而写的呢？"

刘先生有点动情，他感动的不只是"无住生心"的开示，还有大师的发心。大师几近失明，且双手颤抖，他写书法时，假如中途停顿，就会看不清笔画而难以续笔，因此须一笔到底。这薄薄的宣纸因倾注了大师的深情而变得沉甸甸。

星云大师对新闻人特别爱护。他说他从小最感恩的就是报纸。直到眼睛忽然失明之前，他可以不吃饭，但不能不看报，把报纸当老师、恩人。

因此大师想对新闻界有所贡献。这是大师创设"星云真善美新闻传播（贡献）奖"的缘由。他希望借由"真善美新闻传播（贡献）奖"推动中文媒体整体向上提升，进而发挥净化社会的作用。

大师好几次强调："媒体能发挥真善美的力量。"他也体恤记者的苦："记者们很辛苦啊！"

我们这几位媒体人好像跟大师特别有缘，在短短几天内，分别在佛光山台北道场和高雄总山，先后跟大师聚餐及交流了共七次。

我们珍惜这难得机缘，赶紧向大师讨教。大师应机施教，佛法跟现实社会融

会贯通，用语活泼生动，令人亲切受用，特别有感化力。

我们行程的最后一站是屏南别院，大门前有一尊笑容可掬的弥勒菩萨。刘先生笑问："你们看，谁最像弥勒菩萨？"

大伙儿笑答："星云大师！"

弥勒菩萨的可爱形态，令人想起大师提倡的"满口的好话，满手的好事，满面的笑容，满心的欢喜"。

感恩有这一次的难得机缘，得以亲聆星云大师教益。大师对媒体真善美的期许，让我们更觉任重道远；因着媒体的本质，或许有时并不能做到大师所提倡的"满口的好话"；唯愿发心，冀今后可以有更多的慈悲、更好的智慧，为"满手的好事，满面的笑容，满心的欢喜"尽其所能。

刘鉴铨带着"无住生心"四个字从台湾返回马来西亚。

坐在返家的航班上，他双眼微合，心里一遍遍默念着星云法师的开示：

无住，就是不执着是非、人我、得失，而超越是非、人我、得失。无住才是真住，无住才能无所不住，才能成就菩提、证悟法身。无住生活，就是能够对外境超然，不执着己心的生活。

半个世纪来在新闻路上的颠簸闯荡，过了一关又一关的艰涩行走，在大师的开示中，渐渐释然。

回到马来西亚，刘鉴铨被来自各方的庆贺包围，他却一如既往的淡定。

他清楚，一切都是浮云，除了大爱、慈悲心。

台湾之行，在他内心留下了许多刻骨铭心的感悟，这感悟，包括他的皈依将伴他一生。他在《浮生梦觉，轻装前进》一文中，悉心记录下了此行的感悟：

"八风吹不动"的境界，我是做不到的。我还是去了台湾领取星云真善美新闻传播（贡献）奖，解开了近十年来不愿出国的心结，恰似呼应返国前大师赠给的墨宝："无住生心"。

此奖今年是第二届举办，得奖人的遴选范围从台湾，扩展至大陆、香港以及马来西亚、新加坡（地区）。由于我是在不知情下被同事提名，所以我是在接到主办当局通知后才去了解它的内涵。接下来不禁自问："怎会是我呢？"前些时候领取国家报人奖也有同样心情，不过两奖意义不同：一是对我的所谓贡献的总结；另一则是在精神感召下，受赋新使命。

星云大师说，真善美新闻传播（贡献）奖的遴选机制完全由评委会决定，他毫不过问，他要通过公正客观的机制选出得奖人。他认为媒体扮演净化社会人心的角色，要媒体人发扬真善美精神，如同佛光山提倡"做好事、说好话、存好心"的"三好"运动。

打从下机到颁奖礼会场以及后来的朝山行程，我们都受到师父与义工们周到、亲切和温馨的招待。如此盛情，叫我感动；大师在颁奖礼上的讲话，更使我激动。84岁的一代宗师，近年来健康不是很好，视力也因为患上糖尿病初期无暇及时治疗而受损。颁奖礼当天大清早从日本回来后，直忙到当晚9点多，还要在千余名宾客前挂着拐杖主持颁奖礼，发表撼动心弦的讲话。大师宝相慈祥，言语生动，让我感到亲切、温馨，内心无比的安宁、平和，这是从未有过的感受。

我赴台前决定把我的奖金捐作慈善，唯不会公开宣布。由于听到两位得奖人在颁奖礼上宣布捐出奖金，大师第二天上午在座谈会上表示："媒体人都很清苦，奖金虽然不多，不能捐出来，留着自己用。"我凝神听着这番话，脑中浮现先母的慈颜与叮咛："孩子啊，你挣钱不多，就留着用吧。"

在参观高雄佛陀纪念馆时，我看到大师和母亲的合照。我联想到大师在他的日记里对母亲的怀念，还写了"娑婆极乐，来去不变母子情；人间天上，永远都是好慈亲"的楹联，深厚的母子情跃然纸上，读者动容。

星云大师与刘鉴铨在佛光山上交流

大师提倡人间佛教，把佛法实践于社会，将佛根植于人间。同时他也教诲弟子珍惜亲情，强调出家在家两众同源，共生协心建设和谐社会。

我 20 年前初见大师，仅是匆匆一晤；这次在台短短一周内，竟有缘与大师餐叙和交流共七次。近距离聆听开示，法喜充满。大师不讲深奥的佛理，只想传达如何把般若大智慧（智）、大慈悲（仁）、大精进（勇）运用在我们的生活之中。

大师一言一行皆具宗师风范，但在生活上对人却是那么体贴周到。某次餐叙有个年轻比丘尼也在现场，原是负责张罗餐桌事宜，大师体恤她的辛劳，叫她一起共餐，随和亲切自然流露，关怀之情溢于言表。

大师因一生不平凡的经历而悟得大智慧，对生活、生存和生命意义有所体悟，对世间的三灾八难也寻到解脱之法。

我有幸获得"星云真善美新闻传播（贡献）奖"，虽然可能无法做到大师所祈望能影响社会的大角色，但我发愿，希望能在建设真善美社会的大业上贡献一己心力——即使只是小角色。

即使只是小角色，也当去践行一份责任，这是刘鉴铨一路走来所贯彻的宗旨，也是他对过往的总结，以及对未来的执着。

连获马来西亚和台湾地区两大新闻奖，获得许多赞扬，刘鉴铨说："我只是抱着生活的一个理念，在执业过程里待了这么久，没有什么特别。《星洲日报》不是我特别创办出来的，我只是顺水推舟往前冲，一直到今天。"

实际上，这么多风雨相伴，刘鉴铨也曾有过瞬间的纠结。

"这么长时间以来，中间有些时候是令人沮丧的，有些时候甚至到了干不下去的地步，想想也许该离开了，但心中却万般不舍。接下来就想，如果自己都走了，报社的处境会更糟糕。走了以后，留下的摊子会怎么样？也许又要挣扎，又在倒退。所以，硬挺着坚持下去。也算是幸运啊，能够走到今天。"

"的确，长久以来，一些对中文媒体不了解，也不尝试了解的当权者和高官，认为《星洲日报》是破坏国民团结、哗众取宠的一个媒体；而一些反当权者则认为《星洲日报》没有正义感，不敢揭发黑暗。报纸被左右夹攻。"

他选择了做一个战士。为了言论自由，为了真相，为了保护许多有理想、敢于闯禁区的新闻人，他不得不长期与各方人物周旋。

2012 年，马来西亚国立大学国际关系与战略研究系的三位政治中立的学者法丽达·依布拉欣（Faridah Ibrahim）、郭清水和张炳祺发表的《马来西亚族群、媒体与国家建设：议题、认知及挑战》研究报告，对《星洲日报》做出了如下肯定："《星洲日报》对于马来西亚建国以及促进族群和谐，发挥了积极的正面作用！"

毫无疑问，这评价在马来西亚历史中，是一种客观的描述。

即便是这样一个简单、客观的事实，却经历了如此漫长的误读和如此艰辛的磨砺。这场磨砺，可说是远从刘鉴铨的青年，甚至少年时期，就已经拉开了序幕。

第二章

乱世寒窗

坐落在彭亨州、海拔 2 187 米的大汉山，是马来半岛的最高峰。

刘鉴铨就出生在大汉山脚下的僻野山村。

生在山清水秀的灵动之地，然而，刘鉴铨的童年时光却被兵荒马乱冲击得凋敝暗淡，在乱世中崩裂得支离破碎。所幸，在父母温暖的怀抱中，那些颠沛流离、风餐露宿的时光，并没有扼杀少年的梦想。

刘鉴铨的人生，在巍巍大山脚下，在深山老林中，在潺潺溪流旁，在动荡岁月里，犹如一颗希望的种子，逐渐破土而出。

1939 年 3 月 28 日，对于住在马来半岛彭亨州文德甲镇兰增村（现改名为联增）的刘家来说，是一个好日子。

这一天，一个男婴的啼哭打破了山村的宁静。在当时只有几十户人家的小村子里，男婴降生的喜讯很快传到每户人家。

大家都围拢过来，说着吉祥的话，为这个叫刘鉴铨的男婴祈福。

褟褓中的刘鉴铨当然不知道，他其实生在异常艰苦的年头，"安稳"两个字离平民的生活好远好远。

刘鉴铨的父亲刘业民，原是广东省鹤山市的一位知书识礼的典型秀才，在中国时曾与一大户人家的千金成亲并育有两女。可是后来却因战祸抽兵，被逼只身逃难到马来亚，落足彭亨州的小山村联增，走上了截然不同的人生历程。

在山村拓荒，读书无用，人们只求温饱。刘父被迫扛起锄头，以务农为生，想法在热带的山林里生存，在炙热的土地上讨生活。

风雨飘摇的年代，大家都以为渡洋南去只是避难，时局平静之后再返乡与家人团聚。但命运往往有它自己的轨迹，南去以后，由于战乱，大家都与中国的家人失去了联系，回家的愿望渐渐成了一个梦想。许多人陆续断了归乡念头，选择了在南洋这块土地上落地生根。

刘鉴铨的父亲，也在这样的日子中，选择了大部分人都会踏上的命途。

跟故乡的家人失联，好似断了线的风筝，他根本无从得知留在中国的妻室是死是活。在极度绝望沮丧的时候，他遇见了一位朴实善良、名叫余有九的姑娘。后来，他迎娶了这位姑娘过门，生下了刘鉴铨。

直至战乱结束以后，刘父终于联系上了中国的家人，于是想方设法把留在故乡的妻女接到马来西亚。

像这样离散重聚的故事和家庭，在当年那个大时代背景下相当普遍。

于是，一夕之间，刘鉴铨多了一个大妈和两个姐姐。后来大妈想要一个儿子，但天不从人愿，生下的又是女儿。

刘鉴铨因为是刘家的独生子，所以深受宠爱，即使是大妈也对他视如己出。

大妈是富家女出身，气势自然比较强；相较之下，刘鉴铨的生母出身乡村，

不懂得与人钩心斗角，但因为深深爱着丈夫，所以选择了委曲求全。

刘鉴铨被安排与大妈及姐姐们同住在大屋里一起生活。性格与世无争的刘鉴铨生母余氏则自愿住在橡胶林里的小木屋。然而即便如此，刘鉴铨的生母也从无半句怨言，除了割橡胶，也饲养猪、鸡和鸭，终日劳碌，无怨无悔。

虽然分住不同的房子，但刘鉴铨并没有因此和生母情感疏离；相对地，他更为敬重与爱护自己的母亲。

重视孝道的他，成人自立后的第一件事，就是把父母从家乡接到吉隆坡同住，以便随时侍奉。十年后，父亲与大妈先后逝世。刘鉴铨就越加孝顺生母。母亲年迈时健康欠佳，刘鉴铨亲自喂她进食，替她整理仪容，为她打点卫生……直至母亲百年归老。

当然，姐妹对家中唯一的男孩也是疼爱有加。刘鉴铨也非常爱护姐妹，一直悉心照顾她们。

文冬

"光复"后局势混乱，父亲带着刘鉴铨逃到文冬，在启文小学插班上四年级，半年多后才返回联增。

联增

刘鉴铨生于斯长于斯，当年的小山村承载着他许多的童年回忆。

文德甲

村里只有刘鉴铨一人到镇上念小学，每日舟车劳顿，只为求得更好的知识。

吉隆坡

家乡没有中学，刘鉴铨只好离乡背井到首都上中学，追寻人生另一条出路。

刘鉴铨的"成长地图"

但童年时被浓浓亲情围绕着的小刘鉴铨并不知道，摆在他童稚眼前、等着他的，竟是一段在离散中成长的人生路。

1941 年，刘鉴铨两岁多时，太平洋战争爆发，日军侵略马来亚，马来半岛进入"三年零八个月"的苦难岁月。1941 年 12 月 31 日，一颗炸弹被投到文德甲火车站附近的山村。文德甲居民惶惶不安。有些人开始准备迁徙……

1942 年 1 月 2 日，当时统治马来亚的英殖民政府开放文德甲米仓，把囤存的米粮派发给民众。

1 月 9 日，日军先头部队进入文德甲市区，民众惊惶避入胶园、躲进山芭。人们期望胶林浓荫可以掩护，但仍有十多人死在日军的机关枪下。

1 月 10 日，节节败退的英军在撤退出文德甲之前，自行炸毁当地的大铁桥和发电厂，纵火焚烧店铺。

1 月 14 日，日军部队占领了文德甲。

日军残暴，视人命如草芥。双亲为了避祸，带着孩子躲进山林。

村居生活贫困，就算是家中独子，也未受一丝娇宠。刘鉴铨从懂事起，就开始帮着姐姐们做些家事杂务。下地种田，下厨煮猪食，洗衣做饭，一点也难不倒他。农家出身的他从小就晓得薯种在地里、瓜长在藤上。因此现在每听见中国人把番薯叫地瓜，总让刘鉴铨觉得别扭。

刘家二姐刘银聪明能干，什么都做，禾熟的时候就搭棚守护，防鸟或人偷。她整天在外，要带点粗米饭还有鱼干什么的充饥。那时才几岁的刘鉴铨因为吃腻了番薯，特别喜欢吃她的盒饭，所以饿了就常去找二姐，把她带的饭给吃了。而疼爱她的二姐总是护着他，自己则吃杂粮或饿肚子。

岁月流逝，刘鉴铨与二姐的亲厚感情却始终不减。刘银老人于 2012 年 11 月往生，享寿八十。在她生前卧病之时，刘鉴铨非常关切，悉心探望。但是，他却从未强求自己的孩子们去探望姑妈，也能理解孩子们因俗务缠身，未能探望长辈的心情：

你们关心大姑病况，我感动。我知道你们挂念她，很想跟着我常去探望，但是工作忙、家庭事务多等现实问题，这种情况每个人都有的。

我生平不给人麻烦，对亲人也不例外。只要心存关怀，在需要时体现诚心的爱护和照顾就是亲情，不一定要以形式表现。

生活是海洋。我们都想天天风平浪静，平平安安。然而，自然界有它运行的规律，我们必须适应它才能生存。我们要随机，随缘，随遇，不怨天尤人，平常心对待任何状况。你们在口德方面做到不造恶业，是美德也是修行！

美满人生是物质与精神取得平衡！尽管人人都有自己的目标和做人的

价值观。

当然，他没有忘记告诉孩子们，二姐对他的恩情：

二姐是我在世唯一的长辈，从小对我都是无私的奉献和爱护。我能够完成教育，除了父母，就是靠她的帮助。

是的，虽身处深山老林，家里对刘鉴铨的教育仍非常重视。刘父坚持教子识字，农忙之余，他会亲自教刘鉴铨读《三字经》《幼学琼林》等中国的国学启蒙经典书籍。

树荫下，刘鉴铨大声地跟着父亲朗读："人之初，性本善，性相近，习相远，苟不教，性乃迁……"朗朗上口，像在唱歌。其实，那些字句对刘鉴铨来说是陌生的。

然而，这些陌生的字词，这些古人的智慧，为他今后的漫漫人生路，铺垫下了最朴素的善恶道德基调。

刘鉴铨的生母虽识字不多，但很会讲民间故事。不过，讲来讲去，大都是善良的鬼救人。年幼的刘鉴铨偶尔会想："是人可怕，还是鬼可怕？为什么是鬼救人？不是人救鬼？"

多年以后，母亲讲过的鬼故事在刘鉴铨的记忆里已渐渐模糊，但母亲有一句话却始终留在他的心底："举头三尺有神明。人在做，天在看，孩子，做事要凭良心啊！"

孩童时候，刘鉴铨长得白白胖胖。有一次碰到一个日本兵，日本兵竟然抱起他，逗他玩。长大后，刘鉴铨才知道那瞬间的人性温柔背后，是日军杀人不眨眼的凶残。

在山林里躲了几年，时局稍微有些好转，父母才带着他搬回联增村，开始做一些小生意，家里的情况也好转起来。从此，他们一家就一直住在联增，直到他踏入社会，有了收入以后，才把父母接到吉隆坡。

当时联增是个小山村，村上的华文小学只设置到四年级。刘父为了让孩子能在师资和设备较好的学校受教育，把他送到二十千米外的文德甲镇中华小学念书。他小小年纪，就得独自搭巴士到文德甲镇上学。他念下午班，每天上午十一点搭巴士去上学，上完课之后，搭最后一班巴士回家，大概傍晚六点多才回到家里。

刘鉴铨的出生地联增目前仍有不少陈旧的板房

刘鉴铨儿时就读的中华小学，如今已从昔日的简陋变成今日的堂皇

从小学一年级到三年级，长达三年，刘鉴铨每天在这条路上往返。整个山村就只有刘鉴铨一个孩子到文德甲镇去念书。

在往返学校的路上，无聊的刘鉴铨喜欢跟自己玩一个游戏：闭上眼睛，猜猜现在巴士走到哪里了。

"再过五分钟，会到大石头那边。"

"再过三分钟，会看到岔路。"

"再过六分钟，经过树林。"

"再过七分钟，会到杂货店。"

二十千米的路，每天上学、放学在这条路上往返数年，太熟悉路旁的一草、一木、一石、一屋了，所以，他每次都能猜对。

每次巴士走到杂货店，年少的刘鉴铨总会咂一下嘴巴，心里痒痒的。因为那时他最喜欢吃杂货店里卖的脆香的、有年轮纹样的圈圈饼。

但是，家里很节俭，不允许他随便花钱买零食。所以，他必须一分钱一分钱地存，才能存够五分钱去买圈圈饼。

当"珍贵"的圈圈饼拿在手上，他总是舍不得一口吞下去，而是一点一点地咀嚼。

偶尔，在杂货店里，他会听见大人们在惶惶不安地议论时局。

那是日军败走，英殖民政府又重新管治马来亚的年代。曾与英军并肩打日军的马来亚共产党领导的游击队，此时因反抗英国的殖民统治而潜入森林与英军打游击战。

动乱时局下，白色恐怖笼罩着整个山村。

从山林里回到联增村的安稳日子过不上两年，一场白色恐怖风暴把刘家卷了进去。

刘鉴铨的父亲因被英殖民当局怀疑是"马共分子"而遭到逮捕，并在未经法庭审判的情况下被拘留了三年。他的生母也因涉嫌接济共产党游击队而遭特警抓捕，从文德甲镇押往首都吉隆坡的半山芭大牢。

身为独子的刘鉴铨，当时刚上小学四年级，只不过是一个孩子，却要面对双亲变成"罪犯"入狱的残酷事实，他被迫过早地面对人情冷暖和世道不公。但磨难却令他早熟，比其他同龄人坚强。

刘父出狱后，被一批诈称"马共分子"的地痞勒索，硬指他曾欠下一笔债，也被质疑"为什么进去大牢又能出来"而被套上莫须有的罪名。刘父不堪威胁，又怕家中独子有所闪失，遂决定带着独子悄悄出走。

由于刚出狱，身上没有几个钱，父子俩无法走得太远，便搭了一趟车到另一座山城文冬。

在只有蜿蜒山路的年头，近百千米的距离已是天涯。何况文冬周围都是原生态的山林，是俗称"多见树木少见人"的山区。

抵达后，父子俩在文冬租下一个小房间落脚。

窄小的房间，刚好装得下一只藤织箱子和他们父子俩。

刘父很重视孩子的教育，怕刘鉴铨失学，因此，一解决了住的问题，饭都还没吃，就带着儿子到当地的华文小学——文冬启文小学，请学校让他插班。

因生活颠簸而经常旷课的刘鉴铨，数学不行，英文更一窍不通。最后，靠着一篇华文作文通过入学考试，成了文冬启文小学四年级的插班生。

文冬盛产姜和榴梿，空气中弥漫着一股特有的香气。在租来的小房间里，刘父会不时翻阅从中国故乡带过来的线装书，那些线装书也散发着一股久远的幽香，抚平他浮躁不安的心情。

文冬启文小学——20 世纪 40 年代的简陋板房已变成设备齐全的教学楼

那时年幼的刘鉴铨并不懂得，从中国带来的线装书，是第一代移民的心窗，打开它，就看到了根。

夜里，刘父有时会辗转反侧，难以入眠，便讲故事给刘鉴铨听。那些故事有的来自线装书，有的来自父亲的记忆。

青稚的刘鉴铨在新的学校插班读书，面对陌生的环境、陌生的人，让他心里

有些惴惴不安，也充满着好奇。

在文冬隐居了 7 个月，当那些"伪马共分子"自己窝里反，相互批斗，顾不上压榨乡民时，父亲才牵着刘鉴铨的手回到文德甲，一家人才重新团聚在一起。

从童年到少年，刘鉴铨跟着家人在山林里讨生活。热带雨林中常有毒蛇猛兽出没，但穷家孩子天生天养。刘鉴铨喜欢无拘无束、自由自在地满山游走。

山里的野榴梿香气特别浓烈。不过，富有经验的长辈常告诫家里的孩子：在山里看到熟透后掉落在地上的山榴梿时，不要急着过去捡，须先嗅嗅有没有老虎体味，因为榴梿的香气也会把老虎引来。

刘鉴铨就曾经多次看见老虎剥开榴梿来吃。

他第一次在山里看见老虎吃榴梿时，慌里慌张地跑回家告诉母亲。母亲安慰他："看见蛇和老虎，都别怕！看见老虎，远远避开它就是了。蛇一般不会爬过来咬你的。"

一日，他稍停在一棵大树下休息喝水，脚踩在厚厚的落叶上，一条小蛇悄无声息沿绕着他的腿往上爬，直到他的腿部皮下神经感觉到蛇身的冰冷，才令他惊恐。

惊恐中他想起母亲的话，遂轻轻地用树枝把蛇拨开，并把蛇引走。

他想，那可能是一条迷路的蛇，误以为他的腿是树干。

刘鉴铨很喜欢小动物。他小时候养了一条狗，毛色全黑，因而取名"阿乌"。

一个午后，他带阿乌去散步。阿乌追蝴蝶，他追阿乌，不知不觉追到丛林深处，竟遇上一头老虎。

狗儿护主，扑向老虎。虎犬相搏的凶险场面，把刘鉴铨吓昏了。醒来时，狗已被老虎咬死了，老虎则被闻声而来的猎人打死。

忠犬救了他，刘鉴铨为死去的阿乌伤心大哭。

童年难忘的一场惊吓，让刘鉴铨长大后领悟到：人生短暂，命运不可知。于是，他懂得了安于生活，活得精彩，就算面对风雨，也要心有阳光。

历史留下了乱世里的一个孩子，也为日后的马来西亚华文报坛留下了一个领航人。

当时文德甲和文冬这两座山城都没有中学。小学毕业后，刘鉴铨立志要到首都吉隆坡上中学。父母为了让儿子能出人头地，咬着牙为他筹措盘缠和学费。

此时的他还不清楚求学的真正意义——将来要做什么？未来的路又在哪里？但他心里装着父亲的一句话。

记得小学时，有一天，刘父教他念《幼学琼林》，并告诉他："你读书读得好，将来就有一条好出路；读不好就去修理汽车。"

在年幼的刘鉴铨心目中，修理汽车已经是很威风的行业了。他对父亲说的另

一条出路感到好奇，他想那肯定比修理汽车更威风。这样的好奇心，驱使着他到吉隆坡去考升中试，追寻生命的另一条出路。

结伴同行的文德甲同学共有八位，他们都是由父母亲或家中长辈陪伴着"上京"，仅刘鉴铨是一人独行。

而且，独行的刘鉴铨，还是众同学中年龄最小的——长得比同龄男生高大的他，曾在街上遇到英国警察临检，对方要他出示身份证，他还未适龄（国家法律规定满12岁须申请身份证），当然拿不出来，结果该名警察见他长得高大，不像未满12岁，竟指他是有意犯规，让他无端挨了一个耳光和一顿训斥，百口莫辩。

为免孩子再惹上不必要的麻烦，第二天刘父马上带刘鉴铨去申请身份证，为符合资格，硬是把他的年龄报大了一岁。

刘父忍心让未足龄的独子孤身"上京"应考，当然是因为家里经济不好，为了多挣点钱供孩子读书，而不能丢下农活陪他去。况且多一个人到吉隆坡，车资和房租也是一笔额外的负担。

他的八位同学同时去考首都多所华文中学的入学试，只有刘鉴铨一条心只考一所学校——尊孔华文独立中学（即"尊孔中学"）。

尊孔中学的前身，为1906年创办的尊孔学堂，在教育尚未改制的20世纪50年代，尊孔中学是最早设立初高中六年制的"完全中学"，在当时称得上是全国著名华文学府，录取新生的标准很高。

刘鉴铨如愿考上了尊孔中学。山村里出了个"小状元"，乡亲们都觉得是乡梓之光。父母还备了香案，敬告祖宗，拜谢天地。

一切都是造化。"现在回想起来，如果当年考不上就可能去学修理汽车了，现在说不定是汽车修理店的老板呢！"后来刘鉴铨常常这样自己幽默一把。

如今回头看，假如能够重新选择，刘鉴铨宁愿自己当年像其他文德甲同学那样选择中华中学或其他学校。

他更愿意在一所学术气氛比较浓厚、学习环境比较单纯的学校念书。

然而，人生难有"重新选择"。

那个年代，自由民主、民族主义、民粹主义和极"左"思想风气同时吹进了尊孔中学。学校有许多老师参加校外的政治和社会活动，这些老师在课堂上喜欢议论时事，而忽略了教书。举个例子，刘鉴铨念高中时，除了生物学、化学和英文，其他科目的课本大都只学了三分之一。刘鉴铨和班上一些想要好好读书的同学，只好靠自修研读老师没有教完的课本。

其中，最令刘鉴铨觉得郁闷的，是那些受到极"左"思想影响的同学，在校内搞意识形态斗争，动辄批判别人的作风。

庆幸的是，在尊孔中学，刘鉴铨遇到了一位很好的英文老师，名叫戴蒙恩。

当时，学习英文成了可以让他潜下心来进修的一大动力。

刘鉴铨苦修英文，其实必须冒着被极"左"分子排斥，甚至批判的风险。在那个民粹主义和极"左"思潮高涨的年代，学华文才是"政治正确"的选择，学英文则被视为"崇洋媚外"。

刘鉴铨立志要学好英文，还有一个原因。在英殖民统治时代，英文是官方语言，不懂英文的刘父在收到政府公文后，以为在正规小学求学的儿子能看得懂，但刘鉴铨羞愧地低下头。父亲看了他一眼，喃喃自语："读了什么书呀？"

戴蒙恩是一位不爱多事、一心教书的教师。遇到好学的学生，她会特别疼爱，并格外用心指导。在她的辅导下，刘鉴铨逐渐走进英文的世界，英文成绩名列前茅。

很多时候，同学们都去玩耍了，刘鉴铨会捧着一本英文书，或坐在课桌前，或坐在树荫下，硬啃强记。

2010 年，戴蒙恩老师逝世时，刘鉴铨心感哀伤，在《星洲日报》上登了挽词追悼戴蒙恩老师，除戴蒙恩老师的亲属外，他是唯一一个为老师登挽词的学生。

回想起求学时宁可被指"崇洋"也要把英文学好的经历，再比照后来时势逆转，社会上一些人认为使用英文者高人一等的心态，刘鉴铨并没有心生骄傲，反而为受中文教育者打抱不平。

"回想当年因学英文而受到思想偏激的同学排斥，甚至受到羞辱的往事，真是感慨万千。"

"若不是天性不愿从众，或许我的命运就不同了！"

"俗语说，命由天定，运由心生，人的命运是掌握在自己手中。"

"更多时候我想是缘吧！随缘，一切看各自的造化。"

凭着扎实的英文基础，高中毕业时，刘鉴铨报考了政府承认的英国剑桥文凭，那时是马来西亚最高的英文文凭。

不过，那个考试有点波折，因为他来自华校，不能直接报考，须先报考鉴定资格的考试。他第一年通过了鉴定考试，第二年继续闯关，考获剑桥文凭。

刘鉴铨的中学生活并不只是啃书，除了学习文化课外，刘鉴铨在读高中时，因为好奇，跟着别人学习了螳螂拳。练拳时，他会想到儿时山林生活的无拘无束，也会想到那些山间的老虎、飞鸟，还有蛇。

螳螂拳创于明末清初，拳法讲究刚柔与虚实。其后他的一生，在面对新闻战、言论自由战时，也在虚与实、刚与柔中"随寸劲而发、顺绵掌而动"。

这套拳法本是健身用的，刘鉴铨也并没有练得很高深，可是数十年后却歪打正着地派上了用场。

　　2009 年，一天早上，窃贼持长刀闯入他家，他凭这一手螳螂拳，逼退贼人。事后他对家人说，被迫反击自卫，纯属侥幸，不足模仿。

　　高中毕业后，在刘鉴铨心里，父亲说的那条路依然不太清晰，但依着自己的志愿，这位满怀理想的年轻人，信心十足地踏上了人生的征途。

刘鉴铨（左）与老同学刘玉德在 20 世纪 70 年代初合影，两位老同学成了一辈子的知交

第三章

踏上新闻路

  1959 年，20 岁的刘鉴铨高中毕业。那个年代的吉隆坡没有大学，能读完高中且中英文兼通的青年人还是比较少的。其实，早在刘鉴铨初中毕业时，家乡就有人请他去当小学校长，但他没有答应，而是选择继续升学。因为有此学历与中英文能力，摆在刘鉴铨面前的选择很多。

  当时他可以选择负笈海外或去银行当经理、加入政府机构当公务员……这些都是那个时代人们眼中的高薪厚职，他的同学大多也都选择走这样的路。

  走出校门，刘鉴铨选择了教职，因为他觉得教书育人是很有意义的事。教了一年书，执掌吉隆坡附近一个新村地方行政的社会主义政党请他去当地方议会秘书。

  然而，他的内心始终潜藏着一个心愿，他渴望投身新闻界，成为一名记者。

  这种渴望，并不是一时冲动。早在少年时跟着父亲离家避难时，他就感到心中沉沉的痛无法排解。眼看着双亲蒙冤，他十分悲愤。他常想，这时代要混乱到何时？难道没有正义吗？为什么有些人可以任意鱼肉人民？谁能保护人民？谁能让大家安居乐业？

  没有人能回答他的问题，他把他的愤怒留给了森林。

  他觉得社会"病"了，已经失去了制约不公平现象的机制，任由假象、谣言满天飞。人们因为缺少了解真相的渠道，而没有觉醒，也少了同情心，更少去反抗。

  那时，他就想一定要做一份职业，一份可以让大多数人了解社会真相的职业。他想到了要当报纸的记者。尽管他当时还根本不清楚记者该怎么做，直觉却让他找到了一个方向。

  上了高中，他就一直留意报章招聘的信息。终于，在他毕业工作了近两年后，机缘到了。

  当刘鉴铨看到《中国报》要招考记者时，他没有犹豫，马上去投考。一切顺利，他被录用了。兴致勃勃的刘鉴铨并没意识到，在这一条貌似风光的路上，却暗藏着很多陷阱和绊脚石。

  被《中国报》录取为记者之后，刘鉴铨有些激动和兴奋。

  上班几天后，采访主任看看他，简单地交代："你去教育局跑新闻吧。"

  "跑新闻？"刘鉴铨丈二金刚摸不着头脑，他骑着摩托车往教育局去。一路上，刘鉴铨琢磨这"跑新闻"的意思，是去跑就有新闻？或是新闻正在跑，要加速去追？

  他迷迷糊糊地一头撞进局长室。局长问他要做什么，刘鉴铨"坦承"（confess）自己并不清楚，只是奉命来"跑"教育新闻。

  局长看了看眼前的小青年，重复了刘鉴铨叙述时的英文关键词"confess"。

局长心想，这年轻记者真是坦诚，他竟然坦承自己也不知道要什么。

难得遇到这么坦白的记者，局长从座位上站起来，指着墙壁上的教育局地图一一解说，细述最新的教育政策。刘鉴铨全神贯注，提笔猛记。

回到报社，他发了第一篇稿子。第二天，这条新闻成为地方版上的头条。其他报纸跑教育新闻线的记者都因他的独家新闻而被上司质询。同行都很好奇，一个新人刚上班就跑出独家新闻是怎么做到的。

多年以后，报社有些新晋同事会向刘鉴铨请教，想知道跑新闻的方法。刘鉴铨说，跑新闻有不同的方法，而他第一次就拿到独家新闻，可能是"confess"这个单词帮的忙。

英文里的"confess"有着告解、忏悔、自责、承认的意思，是他学生时期英文老师戴蒙恩说话时的常用词。于是当他面对这位州教育局的白人局长，回答对方的发问时，也用了这个英文单词。"坦承"真的帮了他大忙。

诚实地面对受访者，这样的工作态度让刘鉴铨在当记者时，每每获得独家新闻。

"诚实"这两个字救了刘鉴铨好多次。"诚实"，其实是这个山林之子的"贵人"。

在《中国报》任职的记者，写的新闻稿除了提供给《中国报》，还要交上复印本给另一家报纸。记者们觉得报社应拨出小部分额外收入，作为供稿记者的特别津贴。其中有五名记者在商量后决定联署提出要求。

原约好呈函那天，其中一个记者没来，连署信少了一个签名。一个资深记者说："刘鉴铨，你的字迹跟他的很像，你就代他签吧！"年轻的刘鉴铨按他的指示，仿冒那个记者的签名。

呈函递上去后，总经理来到采访部办公室，召集这四名记者。总经理盯着四人的目光锐利如刀，似乎会穿透人心，缓缓地吐出一句话："我知道你们之中有人假冒签名。"

四人沉默，空气仿佛凝固了。

"如果没有人承认，我就开除你们所有人。"总经理说。

整间办公室静下来，没有人敢说话。虽然窗外烈日炎炎，但办公室的空气却像北极那样冰冷。

总经理临走前又说了一次："如果没有人承认，我就开除你们四个。"

大家彼此看了一眼，还是没有人说话。

稍后，刘鉴铨跑去向总经理"自首"，承认假冒签名。大家心想，这小子肯定会被开除，那么事情应该可以落幕。

那个叫他假冒签名的记者说："刘鉴铨，我们想好了，大家出点钱给你。"

那人没说出口的意思是："这笔钱就当作安抚费，你一个人走掉，事情就完结了。"

总经理把刘鉴铨叫去。他看着眼前的年轻人说："你这个小子，为什么敢坦白承认？"

刘鉴铨说："我不是请你宽恕我。主要是，我并没有害人，我只是……"刘鉴铨不愿说明别人叫他签的，他只是坦承自己冒签了那个名字。

"以后不可以这么做，你回去座位吧！"总经理仅口头警告了一声，就放过了他。

刘鉴铨没有被开除，让其他记者很惊讶，不知道这年轻小子为什么会这样好运。

有人常说这总经理吝啬、刻薄，但是，总经理一直对刘鉴铨相当宽厚。他总是以长者身份劝勉刘鉴铨，教他待人处事的道理。来自长者的经验之谈，让刘鉴铨受益匪浅，他十分感恩。

刘鉴铨在《中国报》表现出色。几个月后，因缘际会，他转到《星洲日报》当记者。

虽然《中国报》只是刘鉴铨踏上新闻路的起点，可是他跟《中国报》的缘分并未就此画上句号，甚至他还差点当上了《中国报》的拥有人呢！

这是一段无人知晓的报坛轶事。20世纪70年代初，《星洲日报》管理层正经历连番风雨，恰逢当时《中国报》的企业主李氏家族无心经营，李氏家族的代表李裕隆向刘鉴铨透露了欲出售《中国报》的意愿。已经在报界有了一点阅历的刘鉴铨，在友人鼓励下，遂从"跑新闻"萌生起"做新闻"的念头，考虑要接管这份报纸。

但办报少不了花花绿绿的钞票。资金哪里来？他找上了结识近十年的朋友——马钦学。

这位由地方法庭法官转投建筑业的友人乐于成人之美，慷慨解囊相助。一天晚上，马钦学在肯尼山上的豪宅设了一桌酒席，款待刘和其他朋友，即席宣布他的决定。

可惜收购过程复杂难行，一波三折，最后，计划告吹了。合作不成，却无损马钦学与刘鉴铨的纯洁友谊。两人一直都肝胆相照。马钦学为人正派，重情好义，作风低调，专心于业务，从未要求刘鉴铨管理的《星洲日报》给他及其公司作任何宣传，甚至《星洲日报》刊登了不利其公司的报道，他也不曾向刘鉴铨提出抗议，一直都公私分明。

20 世纪 60 年代的《中国报》

2011 年，曾任法官、后弃法从商的马钦学邀请刘鉴铨出席其旗下公司的一项庆祝活动

1961 年 12 月，22 岁的刘鉴铨加入《星洲日报》时，报纸的业主及主管是创办人胡文虎家族的第三代后人胡美一。当时马来西亚、新加坡两地的《星洲日报》仍未分家——《星洲日报》总社和印刷厂设在新加坡；在吉隆坡的只是分社。

《星洲日报》吉隆坡分社，坐落在吉隆坡市中心的苏丹街一栋"二战"前老房子的二楼。楼下是一家传统的咖啡店，叫作"香槟茶室"，三楼是一家小旅馆——南洋酒店。分社共有七个记者，每个人都要"包山包海"，兼跑各类新闻，每天忙进忙出。

20 世纪 60 年代的《星洲日报》吉隆坡分社

身为新闻界"新兵"的刘鉴铨，通常上午会被派往法庭跑新闻；中午跑警察局，追踪罪案、意外和社会新闻；下午，则去跑机场……

今天的媒体人或许很难想象，在 20 世纪 60 年代初，"跑机场"竟是新闻采访工作的重要一环。一来在那个时代没有电脑，记者在纸上写稿，除了通过传真机把新闻稿传到新加坡，很多新闻稿件和照片得打包送往机场，空运去新加坡交印；二来那时搭飞机出国是非常了不起的事，常出入机场的以达官贵人为主，所以记者守候在机场出入口，堵住政府领导或高官，就有机会从他们口中获取重要消息。因此，机场成了很多重要官方新闻的源头。

　　年轻的刘鉴铨总骑着他那辆老旧的摩托车，跑来跑去，奔驰在采访的路上，骄阳、风雨……他一一经历。路上风沙吹过刘鉴铨的脸，他的黄皮肤被晒得黑亮，黑亮的脸上那一对黑白分明的眸子，却在历练中更显得炯炯有神。

　　日子一天一天过去，刘鉴铨从一个新闻线上的新人，变成拥有"新闻鼻"的尖兵，懂得在事件中嗅出新闻的味道，懂得如何在老百姓的衣食住行中挖出新闻。他懂得了"跑"新闻原来就是要勤劳地往新闻线上跑，就是多到现场，多和第一手的新闻对象接触，多接近线索。

　　因为跑法庭，刘鉴铨结识了很多法官和律师。为了更好地掌握新闻脉络，他开始在工作之余进修伦敦大学的远程法学课程。自修并没有白费，丰富的法律知识对新闻工作很有帮助，后来在长期的新闻工作中，刘鉴铨凭着他的法律知识，引领着《星洲日报》的采编团队，应对了一场又一场、一波又一波的硬仗。

　　在工作中不忘进修，视职场为学堂，一天又一天，他在新闻里跑，他在跑新闻，他总是拿到独家消息。

　　彼时，刘鉴铨尚未成家，白天跑新闻，晚上赶完稿，为了纾解压力，也会在报社附近的一间小酒吧喝杯啤酒。

　　到小酒吧喝酒的人形形色色，鱼龙混杂，有黑道上的小头目，也有白道上比较低阶的警官。但是，在啤酒杯中升起的泡沫前，大家放下各自身份，齐齐蹾杯。大麦的液体进了嘴，流入喉咙，心底的喜怒哀乐，也随着酒气上升，而从口中吐露。有些藏在心里的真话要靠啤酒香，才会吐得出来。

　　于是，真话、假话，乃至半真半假的话，都在小酒吧里回荡。那是一个信息交汇的地点，所以有"新闻鼻"的记者也会到这里寻找线索。

　　警方在这里盯人，黑道在这里看人，刘鉴铨在这里找新闻。

　　当然他也会去那些中高级人士出没的酒吧，那里外籍人士多，也不乏外交官、警官，几杯酒下肚，不经意的一句话，往往就成了刘鉴铨的新闻来源。

　　三教九流的朋友多了，年轻的刘鉴铨多少还是有一些小"无冕之王"的感觉。这样的人脉，也的确为他跑新闻带来了方便，甚至惠及了他的日常生活。

　　例如，当年警方得到情报，有一个被通缉的杀人犯在这一带活动，于是警队进行大搜捕。一天凌晨，正在酣睡中的刘鉴铨被一阵强烈的敲门声惊醒，他睡眼惺忪地打开门，看到一群荷枪实弹的警察围在门前。领头的警官看了看刘鉴铨，发现竟然是在酒吧认识的朋友，和刘鉴铨打过招呼后，他随即对属下挥挥手，没进入房间搜查就撤走了。

　　刘鉴铨不仅有敏锐的新闻触觉，落笔成文也很快。快手快笔的刘鉴铨成为新闻界的一员猛将。

　　不过，刘鉴铨进入《星洲日报》之后，发现有位老同事在报社享有特殊地

位，但是此人工作不认真，为人也不正派，初生牛犊的刘鉴铨对这样的人很不以为然。

就因为这个不以为然，差点给刘鉴铨带来血光之灾。

也是在鱼龙混杂的酒吧里，他认识了一个人。偶尔碰面就攀谈起来，天南地北地聊天，没有特别的交情。

他们常常偶遇，一杯啤酒下肚，话匣子就打开了。

两人相识一年后的一天晚上，这个人很郑重地把刘鉴铨拉到一边。他警戒地看了一下四周，压低声音对刘鉴铨说："有人叫我取你的手掌。"

"你开玩笑吧！"刘鉴铨回答。

"这不是玩笑话！"那人用鹰隼般锐利的目光直视刘鉴铨，"你的一个同事出价买你的手掌。"

刘鉴铨惊呆了，但还是不相信会有人这么残暴，因此，他重复回答："你开玩笑！"

"我不是开玩笑。"他正色道。

原来，这个人是黑道杀手。"他叫我斩你的手掌，但我告诉他：'我怎可斩这个人，我认识他比认识你还要深！'你的同事就灰头土脸地走了。"

刘鉴铨以幽默的口气向那杀手道谢："幸好他找的是你，如果换了别人，我就没有手捧啤酒杯了。"

刘鉴铨没有去深究这件事，也无从追究。

与杀手分别后，他回到家里，夜里入睡前，他在黑暗中摸摸自己的手掌，确认它们还和自己的手臂相连。然后他告诉自己："我的命不在他的手里。我命在天，我不能屈服于'牛鬼蛇神'的威胁。"

他一直记着母亲的话，把这件事当作蛇绕脚，适当地把蛇挑开，蛇就会走开。

第二天，他照常跑新闻。

靠着一股倔劲，刘鉴铨在新闻界"冲刺"。不久，他升任副采访主任，需带着记者群面对更多挑战。泡酒吧的时间也就渐渐少了。

后来，刘鉴铨又升任采访主任。他有空时喜欢到咖啡店喝杯南洋咖啡。他喜欢南洋咖啡那特别的浓香味，在浓浓的咖啡香中，他倾听四周的民众议论时事，同时也会注意他们看的是什么报纸，讨论的是什么新闻。

当刘鉴铨看到咖啡店里的人一边喝咖啡一边看《星洲日报》时，心中最是欢喜。他有时也会邀记者到咖啡店喝咖啡，谈谈新闻，沟通交流。刘鉴铨的新闻时光因此有着许多咖啡香。

对他来说，吉隆坡的咖啡店就像他童年时乡间的杂货店。人们尝点小吃，读

份报纸，和街坊邻居谈天、议论时事，那就是生活了。

"打开耳朵，你在咖啡店会听见最原始的评论。"他总是告诉采访部的记者，"咖啡店是通往生活的最直接的道路，你会听见底层的声音。"

面对威胁，刘鉴铨的心是硬的；面对善良的百姓，刘鉴铨的心又是软的。

当面对"要他一只手掌"的败类，他没有恐惧，这是勇气；当面对哭泣的孩子，他却总是恻隐难抚。

因为，他记得母亲的话——"举头三尺有神明""诸恶莫作、众善奉行"。这种教化，他铭记在心。

刘鉴铨一直以来就对两种人关心：一是哭泣的孩子；二是弱势的老人家。

他总是不忍心看见小孩子哭。听到小孩子的哭声，他就会想做点什么让小孩不哭，否则心里会很难受。初入社会收入低，他和家人只能在市郊的贫民区落脚，住的是木板房，晚上常听见附近人家传出孩子的哭声。若孩子啼哭得太久，他就会忍不住过去看看，或者拿些糖果过去。人家的父母不一定这么想，会认为他多事，因为一般居民认为，家里小孩子哭是平常事。但对他来讲，是不忍心。看到孩子不哭了，他就很欣慰。

刘鉴铨对老人和妇女也特别关怀。这与他的一段经历有关。

他从学校毕业后，曾在一个地方政府单位当过一段时期文书。他的上司原本想安插一个"自己人"填补该空缺，因而不甘心让刘鉴铨"抢走"了这个职位，于是怀恨在心，暗中整刘鉴铨。一个初出茅庐、没什么社会经验的小伙子，自然穷于应付，苦恼不堪。

那时，他在附近民宅租房，屋主是个老年妇女。那位大婶虽没上过学，但她的是非感强，十分睿智，富有同情心。

大婶与刘鉴铨相处久了，建立了感情，待他如子侄。每次他带着沮丧的情绪回去，大婶都开解、安慰他。

尽管后来因改换工作而搬离该住处，但刘鉴铨还会时时想起那位大婶，他把这份思念转移到其他老人家身上，为他们做些力所能及的事，以间接回馈那位大婶。

除了弱势的老人与小孩，刘鉴铨对小动物也很心软。

他家在吉隆坡市郊，常有野猫在附近出没。

有一天，他请一位懂木工的老朋友帮忙制作一架梯子。老朋友很好奇，就问刘鉴铨："这梯子是要用来做什么的？"

"有只野猫在我家屋顶生下了两只小猫，小猫无力爬下屋顶，焦急地在屋顶徘徊低鸣。我想请你帮忙搭个梯子，让它们能顺着梯子爬下来。这两只小猫很可怜，才刚出生，不知世事，在那么高的屋顶往下看，又惊又惧。"

一个大男人这么"婆妈"，老朋友觉得好笑，但还是火速把梯子钉好。刘鉴铨赶忙把梯子带回家架好。慌张的小猫趁没人之际，慢慢地顺着楼梯从屋顶爬下来，慢慢往附近的灌木丛走去。

刘鉴铨目送猫儿远离，才放下心来。

即使在新闻前线会不时碰到"冷酷"面孔，甚至面对"丢掉一只胳膊"的威胁，刘鉴铨依然坚信，绝大多数人是善良的。邪恶的人和事，你越惧怕，他们就越欺侮你；你越坚强，他们自然就偃旗息鼓，毕竟做贼心虚是没有真底气的。不管别人如何对待他，他始终信奉"诸恶莫作，众善奉行"的准则。

1969年5月13日，马来西亚爆发"五一三事件"。身为副采访主任的刘鉴铨带领几位记者坚守岗位。尽管不能外出采访新闻，但他们仍通过收看、收听电视台、电台广播的官方声明，从各种渠道打听消息和访问目击者，努力掌握情况，并且撰写新闻，传去《星洲日报》当年的新加坡总社。

《星洲日报》吉隆坡分社位于苏丹街，距离发生严重冲突的街区不远。在气氛最紧张的时候，一度传来极端谣言，令整个唐人街风声鹤唳、人心惶惶。

冲突发生后的最初四天，刘鉴铨和记者们的行动受到限制。后来，在新闻界的争取下，警方发了通行证，记者们获准在指定的区域内活动。

彼时，采访部办公室在二楼，楼下是香槟茶室，楼上是南洋酒店。由于戒严，刘鉴铨和记者们不能回家，晚上只能在办公室水泥地上或办公桌上睡觉，肚子饿了就到楼下的香槟茶室随便找东西吃，洗澡就借用南洋酒店的浴室。

有一天，有人以某会馆的名义传真了一份"公开声明"到采访部，声称某会馆通过了几项议决案，其中包括支持敦位萨任全国行动理事会终身主席。

刘鉴铨看了这份声明后，凭着他的见识，怀疑声明有问题。他带着通行证，骑上摩托车，依着声明上所写的地址上门访查，证实没有那个会馆。于是，他把这份假声明扔到废纸篓，没有采用。

当时，与《星洲日报》齐名且处于竞争状态的《南洋商报》却在要闻版刊登了这份声明。结果，《南洋商报》因错误报道而被迫于次日公开道歉。

刘鉴铨告诉记者们："新闻要眼见为凭，新闻记者要去跑新闻，不是坐在冷气室等新闻，更不是抄新闻。新闻如战场，看不见的子弹来来去去，一不小心，就会中弹。"

"五一三事件"造成很多无辜者伤亡。许多贫困的木屋区家庭，都因此而断粮挨饿。

刘鉴铨认识一对慈悲为怀的印度裔医生夫妇——拉都斯和他的妻子丽拉。他们知道这位新闻界朋友有当局发的外出采访的通行证，又有一支猎枪，有阻吓作用，于是请刘鉴铨带上通行证和猎枪，带领他们寻访冲突中的受伤者，给他们治

疗，同时给困难户送粮。

　　刘鉴铨和拉都斯夫妇冒着生命危险，挨家挨户跑了好几天，路上只见荷枪实弹的军警五步一岗，行人绝迹，情势紧张得令人窒息。

刘鉴铨（前排左二）与拉都斯医生夫妇（前排左三、四）及一群朋友聚会

　　事件平息之后，有地痞为了领赏金，向警方诬告刘鉴铨在"五一三事件"期间拿猎枪上街，涉嫌骚乱。他因此被警方盘诘。

　　刘鉴铨的母亲得知此事后，心急如焚，竟拿着刀去找告密者，欲与他同归于尽。刘鉴铨从未见过母亲如此彪悍。无论受到多少委屈，母亲的眼里都不曾有过仇恨。他知道，这一次她是护子心切，宁愿赌上自己的性命。

　　从此，他愈加坚信："人生有些美好的东西不能打折扣，友情、亲情和爱情就是这样。如果当它们是商品来衡量，美好不再！有人为了名利可以不顾这一切，却不知失去的才是更珍贵的东西！"

　　被诬告一事，在当地居民挺身作证下，警方的调查报告证实了他的清白，为他洗脱了莫名之冤。

　　事后有朋友笑他傻，"好心没好报"，但他从未为这段经历而有过一丝的后悔。这段经历也让他认识到："世界永远不会真正长久和平，人心善变，一切无常。"

　　那把刘鉴铨在"五一三事件"时拎着上街头壮胆的猎枪，一直被他带在身

边多年——中年以前，他每年都会同好友去深山狩猎一次。他们只打凶猛的野兽，不伤害驯良的动物。

直至中年以后，刘鉴铨决意不再杀生，索性把猎枪执照和枪支一并销毁了。

毫无疑问，"五一三事件"是马来西亚历史上一道很深的伤痕，改变了马来西亚的政治生态，并孕育了所谓"新经济政策"及几条"恶法"。新闻人的头上，悬挂着更多无形的"利刃"。

当"五一三事件"终于画上句号时，刘鉴铨这个从新人慢慢成熟起来的新闻战士，久久无法忘怀那些冤死的无辜平民，以及冷血的政治野心家。

当然，那时候他并不晓得，在他接下来的新闻生涯里，为了捍卫新闻自由，为了更多的言论自由，一段不断与当权者博弈的漫漫长征，已经起跑……

无眠的长夜里，他躺在床上，一次次念着他爱读的《虞美人·听雨》：

少年听雨歌楼上，红烛昏罗帐。壮年听雨客舟中，江阔云低、断雁叫西风。而今听雨僧庐下，鬓已星星也。悲欢离合总无情，一任阶前、点滴到天明。

自然界的风雨，有时候可以抵御；但人生的风雨往往突如其来，携带着灾难和痛楚，夹带着无常，并伤及无辜。

第四章

知兵非好战

刘鉴铨的办公室在《星洲日报》总社五楼。

办公室窗明几净，没有任何多余的摆设品、奖状或牌匾，甚至连纪念品或照片都没有。

他年轻时读过玛丽·雪莱（Mary Shelley）的科幻小说《弗兰肯斯坦》，小说中那个机械人后来变成了僵尸。小说在他心里留下抹不去的记忆——阴暗总隐藏着邪恶，因此他总喜欢阳光，喜欢明亮。

他的办公室布置简朴，米色布套罩着木椅，没有太繁复的装饰。

他喜欢把办公室的百叶窗拉开，让窗外的阳光透进来。

数十年如一日，他的办公桌上总是很干净。

他习惯当日事当日毕，迅速把事情处理完，让桌面保持干净，没有多余的物品和积压的公文。

可是，就在他办公桌后方的书架上，在整齐竖立的书本间，却特地留下了一个空间，摆放着一尊关云长的雕像。

那是《星洲日报》副总编辑曾毓林送给他的。

关云长的正义形象，已深入民心。或许是对"正义"的坚持，刘鉴铨一见这尊关公，即心生欢喜。

关公像两旁有一对木刻的楹联，是剑川人赵藩的"攻心联"："能攻心则反侧自消，从古知兵非好战；不审势即宽严皆误，后来治蜀要深思。"

刘鉴铨对《攻心联》有自己的体悟："于我而言，这联的意思是：不要滥用权力，要用真心来获取别人的信任；要掌握形势，才会有准确的决策。过多的教条，大事难成。决策还须依据形势来判断。"

刘鉴铨办公桌后方书架上的关公像

刘鉴铨好古书、喜读史，从历史故事中温故知新，借古观今。他自嘲说："小孩子可爱，因为他们不知历史；成年人可悲，因为他们否定历史；我可怜，因为我半知半信历史。"

近些年，报社日常运营上了轨道，少了俗务缠身，让刘鉴铨看书更勤。一次，他写电邮给不时借书给他看的曾毓林时，直抒他喜读"老书"的心臆："近来放长假，都是回头看旧书，还有当年囫囵吞枣的教科书，也多看副刊。恶心不存，雄心全无，看看世界，只想知道人的里里外外；喜读历史小品，让自己照镜子，绝不敢借古讽今、借前人喻自己！历史不重演，人物不雷同。"

同时，他也不忘叮嘱自己视如子侄的曾毓林："照顾心灵的灯。人生是追寻自我陶醉的境界，只有本性永远陪伴自己！"

在诸多历史故事中，熟读《三国演义》的他，最景仰的人物正是关云长。他甚至多次梦见红脸关公。

三国乱世，关羽坚奉忠义。

他尊崇关公的正义。

关公的忠肝义胆在刘鉴铨心里，同时贯彻在报纸上——"正义至上"一直是《星洲日报》奉行的精神。

在新闻战场上，《三国演义》带来的启发，也助他找到很多解决问题的灵感。

关公忠义勇谋，身骑赤兔马，手抢青龙偃月刀，千里走单骑，过五关斩六将……

但是在新闻长征路上，挑战着刘鉴铨的，又何止五关六将……

在逾半个世纪的新闻长征路上，刘鉴铨跟《星洲日报》一起走过马来西亚独立初期的动荡，经历过国家六任首相轮换的治理，经历过报社三朝企业主更替的跌宕……路，是如此坎坷；挑战，更是一波接一波。

有人的地方，就有矛盾和斗争，这是人类社会的常态。在刘鉴铨领导《星洲日报》采访部、编辑部乃至整个报社的半个世纪以来，曾经面对几次内部斗争。不过，他的挑战者都以失败告终。有的失败者带着怨恨离开《星洲日报》以后，总是百般诋毁他，说他是奸狡的权谋家。而拥戴他的人却钦佩他的运筹帷幄，从善如流，通情达理，事理相融，总能圆通练达地与当权者博弈、与挑战者周旋。

但是，有一个原则，刘鉴铨一直守得很紧、抓得很牢："我这五十年的新闻生涯，曾经历过几次斗争。我可以肯定地说，我从没有为了权势而主动去挑起任何斗争。都是别人向我挑战，而挑战的目的只是逼我知难而退！"

挑战的第一关，是来自《星洲日报》编辑部与采访部的内部之争。

20世纪60年代，《星洲日报》作为华社的重要组成部分，自然无法幸免于政治大气候，亦受牵连。

当时，在编辑部掌握实权的几个高阶主管，都以"左派进步分子"自居；而领导采访部的林通光和刘鉴铨受西方民主自由思想影响较深，立场相对比较温和、中庸。

回过头来看，刘鉴铨认为，当时的社会背景基本上是被政治课题牵动着的。弥漫在报社的紧张气氛，严格来说并不完全是意识形态之争，而是外在政治课题的牵引和由此引发出来的人事纠纷。

"现在看来，只是一个形式或一个标签而已。所谓'左倾'，也是流于口号式的。我们这些'非左派'也没什么动作。"

不管是意识形态之争，还是思想观念之争，抑或仅仅是社会形态的反映，都让星洲日报社编采两个部门之间，不仅互相藐视，也存在着隔阂。

马来西亚、新加坡分裂成两个国家之后，马来西亚对媒体的新政策出台，限制"境外媒体"在国内发行。

由胡文虎、胡文豹兄弟于 1929 年 1 月 15 日在新加坡创办的《星洲日报》，其管理层为了应对新政策，被迫于 1966 年在雪兰莪八打灵再也市现址设厂印刷、出版《星洲日报》，把在新加坡总社编辑好的马来西亚版报纸的清样，整版传到八打灵再也的印刷厂。

1970 年，随着报社的完整编制完成，马来西亚的《星洲日报》脱离新加坡总社，自行编排出版。1978 年，为了方便统一管理，原设在吉隆坡市中心的采访部、广告部和行政部等，一并迁入八打灵再也总社。

此时，刘鉴铨的上司林通光已升任新闻编辑，刘鉴铨则升任采访主任，两人共同领导《星洲日报》采访部。当时，采访部的记者人数虽比其他报纸少，却常常挖掘到独家新闻，揭露社会百态和真相，结果招致其他同行围堵。在采访线上孤军作战，面对各报夹攻的挑战，皆被记者们视为正常现象，他们的热血里有着悲壮。

让他们无奈的却是，新闻追回来了，稿子传去编辑部后，却常常因采访部与编辑部的矛盾和歧见而被任意取舍。眼见在新闻前线上打拼回来的成果被糟蹋，他们的悲壮更增添了一些悲情。

因为编辑部与采访部一直处于一种不和谐、互不信任的工作关系中，加上林通光性格刚直，说话也直率，这使得编辑部和采访部的主管之间冲突更常。1979 年某天，林通光在一次公事争执上，觉得执行董事胡美一过于偏袒编辑部，愤然辞职。

林通光的忽然离职，让时任采访主任的刘鉴铨十分震惊，而且措手不及。多年的战友情谊，工作上的配合无间，于公于私都让刘鉴铨深感惋惜、遗憾。

刘鉴铨唯一能做的，也就只有召集同事们为他办一场欢送会，希望林通光可

以带着众人的祝福离去，也让许多受过他指导的同事有机会感谢他。

林通光离开《星洲日报》不久，《马来亚通报》（以下简称《通报》）老板周宝振即聘他为《通报》总编辑。1981年，李三春领导的马华公会购买《星洲日报》不成，转而从周家手上把《通报》收购过来，并且委任同属马华公会旗下的英文报《星报》（*The Star*）董事经理方汉勇（Hng Hang Yong）和总经理何世光（Ho Sai Kong）协助监管《通报》。

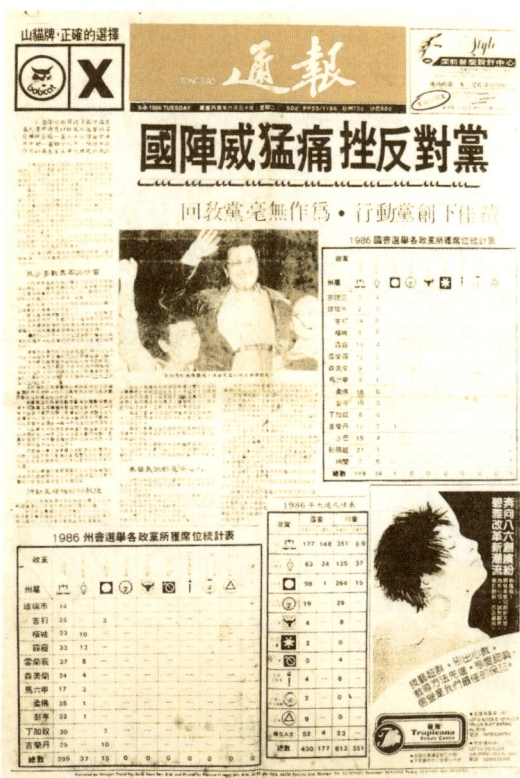

马华公会于1981年至1993年执掌《通报》

这两人和当时的《星报》总编辑刘炳权（P. C. Liew）等一群优秀英文报人，当年都是《星报》的拓荒者，凭着一股拼劲和新闻专业精神，令《星报》超越长期雄霸报坛的《新海峡时报》。

在接手监管《通报》期间，为振兴《通报》业绩，方汉勇和何世光即力邀刘鉴铨加盟《通报》担任总经理，统筹全局。刘鉴铨愿意考虑，是因为他觉察到当时的《星洲日报》董事会已无心办报，员工士气低落，他想带领一群有理想的记者到《通报》去，希望能闯出一番天地。

　　不过，刘鉴铨最终还是婉拒了方、何两位老友的盛情，没有跳槽到《通报》。主要的原因是他顾虑林通光的感受，而非外界大多数人以为的"条件谈不拢"。可是，即便如此，他也一直没有对外明言，或解释真正的原因。

　　1985年左右，马华公会爆发党争，方汉勇和何世光离开了《星报》。陈群川在马华公会党争中胜出，在他出任总会长后，刘炳权也挂冠求去，陈群川委派亲信陈见辛出任《星报》副执行董事主席。此时，林通光由于与管理层理念不同，也选择了离开《通报》。

　　只是，没想到不过是职场上人事离合的平常插曲，事隔25年，在林通光逝世多年后，那些一直千方百计抹黑《星洲日报》及其高层的人，竟出书歪曲事实，以这桩《通报》高层人事更迭事件，企图诬蔑刘鉴铨的为人。

　　这让方、何两位知道事情始末的著名报人觉得不可理喻。何世光回忆当年拉拢刘鉴铨的原因："我在领导新闻从业员工会时就已认识刘鉴铨，我觉得他是一个思想开放的人，即使他不同意你的意见，他也愿意听取和加以考虑。此外，刘鉴铨很有魄力，要振兴《通报》，带来革新形象，刘鉴铨是比较适合的人选。而且我们知道刘鉴铨与林通光是好朋友，让他当总经理，他俩可以密切合作，也可充当经理部与编辑部的桥梁。"

方汉勇、刘鉴铨、何世光、刘炳权（由左至右）回首话当年

对于这些年来自同一源头的抹黑与诬蔑，刘鉴铨始终无感，他一直记得弘一法师李叔同说的"心志要苦，意趣要乐，气度要宏，言动要谨"。

1993年，《通报》再度易主，并改名为"新通报"。1994年，《新通报》因亏损过大而停刊，从此成为历史。

说回20世纪70年代，星洲日报社采访部和编辑部势同水火期间，资深的记者们都记得，当1978年采访部从吉隆坡市区搬到了八打灵再也，和编辑部在同一楼层，两个部门之间仅隔着一道木门。洗手间在采访部这一端，编辑部的人想要上洗手间，必须穿过这道门，再经过采访部。然而，因为编、采之间的隔阂，编辑部的人舍近取远，宁可走下楼梯去用另一楼层的洗手间，也从不穿越在两个部门之间、轻轻一推便可打开的门。

大家私下里管这道门叫"生死门"。

执行董事胡美一虽然对《星洲日报》已无心恋战，但仍注意到编、采不和所衍生的士气不振、内容不济等种种问题。她的解套方式是让采访主任刘鉴铨出任执行总编辑，以方便他统筹大局，平息僵局，扭转颓势。

刘鉴铨于是跨过了"生死门"。

在跨越这道门之前，还有一个小插曲。

根据行政程序，刘鉴铨须先经过一项内部面试。胡美一派了一位受英文教育、不谙华文的商业管理顾问来主持刘鉴铨的面试。

这位顾问在业界以要求严格、行事一丝不苟而闻名，且重视学历。面试时，他用先声夺人的语气对刘鉴铨说："公司里学历比你高的大有人在……给你十五分钟答复公司的献议……"

"假如公司仅以学历作为遴选人才的标准，我没必要在这里浪费大家的时间！"刘鉴铨说。

最终，经过评估，该位商业管理顾问不得不同意，有傲骨、有学识的刘鉴铨是最佳人选。刘鉴铨凭实力获擢升为执行总编辑。

次年，他再获擢升为总编辑。

在往后数十年的职场生涯里，刘鉴铨不止一次面临"您是新闻系毕业吗""您是学法律的"这样的提问。很多时候，他会笑一笑，再坚决地摇摇头。更多的时候，他会坦然地告诉对方："不！"

那个年代，有大专文凭的人凤毛麟角。由于大专教育昂贵，社会资源贫乏，一般的穷人家孩子很难跨入大学的门槛。

实际上，一纸剑桥高中文凭，在二十世纪五六十年代的马来西亚本土，其水平并不低于现今的大专文凭。

"我尊重有大专文凭的人，但我更敬佩的是，不管条件怎样，都认真把事情

做好的人。"就像他说的那样，在星洲日报社，他尊重有文凭的人，也重用有实力的人。他鼓励年轻员工去进修，再考文凭，更鼓励员工以不同的方式提升能力。就像他自己那样，通过伦敦大学的校外远距课程修读法学。

刘鉴铨投身新闻工作后，就一直如饥似渴地汲取养分；他的法学积淀，他的新闻学累积，厚重到为他赢得新闻界的敬重。

时代是有局限的，刘鉴铨不经意间突破了这种局限，成为晚辈们敬仰的"另类"人物。

从采访部调至编辑部，统筹整份报纸的编务方针，主导内容方向，跨过的不仅是一道门，也是一个关卡。

当刘鉴铨单枪匹马越过那道"生死门"时，就已经意识到，跨过那道门，便等于立起一个靶子，成为被编辑部内"左"倾分子攻击的对象，但他并没有因此而退缩。

"我喜欢这份工作，我对这份报纸有感情，我希望尽自己的能力把这份报纸办好。这是我选择的，就要面对。如果是属于我私人的事情，我可以退让，退一步海阔天空；但属于原则性问题，我决不退让，也决不放弃。"

刘鉴铨一出任执行总编辑，即表明态度："不管是支持我还是反对我的人，只要尽本分做好自己的工作，我不会调动任何一个人。"

因为刘鉴铨的坚持，一批"左"倾人士主动离开，去别的报社另起炉灶，而编、采之间的隔阂终于消弭了，从此通力合作。

这是一个艰难的过程，这里面的酸甜苦辣，刘鉴铨感受颇多。

"有人的地方一定有人事矛盾，处理人事矛盾的最好方法，也是最简单的方法就是：第一，自己要拿出真心，待人要诚；第二，坚持原则，即使面对权威，也不要让步。"

站稳立场、无畏挑战、直面障碍的作风，让刘鉴铨跨过了一个又一个的关卡。同时，也让他在情势逼不得已时，勇于"快刀斩乱麻"！

在刘鉴铨担任总编辑之前，星洲日报社的人事、行政一团乱麻，职工会领袖变相地控制了报纸的生产。当时报社员工分属两个职工会：记者、编辑、摄影记者、美术员、校对，属于马来西亚全国新闻从业员工会（NUJ）星洲日报分会；生产、印前部员工，属于马来西亚全国报业工友工会（NUNW）星洲日报分会。报业工友工会星洲日报分会的领袖们非常强势，有一两位还有黑社会背景，报社主管畏惧他们，甚至设法讨好他们。他们横行无忌，可预先告诉上级主管，未来某几天要拿病假，好像可预知自己什么时候会生病。刘鉴铨兼任总经理、总编辑之后，与这些工会执委摊牌。工会执委们重施故伎，发动会员罢工，而且恫言要罢工一个星期，要让报社垮掉。

面对艰巨的挑战，刘鉴铨选择了直面。

"我还记得当时一名工会领袖以挑衅的语气当面对我说：我们敢这样做，是因为你们报社管理层懦弱无能。"人家已经骑在头上了，他不能不为报社讨回公道。

由于临时罢工行动是非法的，加上另一家报社主管出于打击星洲日报社的目的，在背后推波助澜，更激起星洲日报社其他部门员工同仇敌忾，群起护报。另一个工会，即新闻从业员工会，公开表态不支持罢工行动。刘鉴铨依《劳工法》毅然开除了39名参与罢工行动的员工。全国报业工友工会领袖不得不出面跟报社谈判，最后接受报社的条件，即只容许听从工会指示而参与罢工的普通会员复工。

就这样，罢工行动被瓦解了。几位不恪守职责且喜惹是生非的职工被清除，让《星洲日报》恢复朗朗晴空。

尽管很多人惧怕黑道，但在刘鉴铨看来，黑道也要遵守游戏规则。黑道白道，甚至是在中间的灰道，都是"人"。人人平等，人人该尽责工作，没有人可以在一家正派的报社横行霸道。他不低头，是为了争取公平正义，让报社有一个合乎规范的工作方式，而不是让某些人可以动辄以工会行动威胁报纸的正常出版。

"那时，没有人敢面对这几个人。当我面对他们时，同仁都替我担心。但我不能退缩，我唯一的使命是让这报社的运作回到正轨，把报纸办好。如果我当时贪生怕死，也许历史就重写了……"

其实，由于刘鉴铨曾领导马来西亚新闻从业员工会多年，对《劳工法》、劳资关系以及怠工或罢工行动素有研究。在他担任总会总秘书的那些年，他经历过大风大浪，包括一次星洲日报社的极"左"分子夺取了星洲日报分会的领导权后，向总会提出一项"对总秘书不信任"的动议，要求召开特别会员大会，罢免刘鉴铨的总秘书职位。

可是，其他各报，包括英文报和马来文报的分会都支持刘鉴铨。投票结果是：三百多票对十多票，刘鉴铨保留原职。本来是一个蓄意诋毁的企图，反而巩固了刘鉴铨的领导地位和威信。

可是，内忧才平，外患又起，刘鉴铨再面临另一关卡的考验。

由于《星洲日报》坚持以公正不阿的态度处理新闻，难免会得罪一些政党人士。有一位自诩与当时的首相马哈蒂尔（马来西亚人亦称其"马哈迪"）关系友好的政党领袖，就因此而对他抱有成见，于是，挟着政治势力试图要弄垮他。

这名政党领袖向当时的《星洲日报》业主林庆金力荐，要林庆金起用与他有友好关系的一名编辑部要员，来出任执行总编辑一职。此如意算盘是要架空刘

鉴铨，迫使他知难而退。

此举一出，新闻界一片哗然。

因为该名要员在报社向来只负责撰写评论，编辑部的工作他不熟悉，采访部的工作也从没涉及，从编、采部到业务部，从总社到各地分社，绝大多数的职工都对他不抱信心，大家都觉得老板的决定是错误的。

要知道，那个时期的《星洲日报》尽管面对内忧外患，但在刘鉴铨情理兼顾、诚意和无私的领导下，局面已趋稳定，编采团队也三军用命，士气高昂。《星洲日报》发行量在短短两年内逐步上升，被报界人士惊叹为奇迹。就在内外形势一片大好之际突然阵前易帅，显然有失公允。

于是，从总社至全国各地的记者，纷纷自发地掀起"怠工行动"，即虽仍按时上班，却以因循敷衍的方式来交差。

由于对这项新的人事任命不满，报社的士气又陷入低潮，报纸内容首当其冲，水平下降，业务营收亦受打击，一蹶不振。

眼见报社情况急转直下，业主不得不重新反思所下的任命。最终，为扭转颓势，决定取消新的人事任命，平息了这场风波。

该名要员和几个亲信后来离开了星洲日报社，加盟其他报社，不久，也先后离开了报界。

回顾这波转折，刘鉴铨仍一贯持平，不存芥蒂。他认为老业主林庆金由于受正规教育不多，难免对高学历者有下意识的自卑心，加上政党"大人物"的推波助澜，才有此人事任命。"平心而论，他对我的工作还是有非常正面的肯定，待我也很客气。"

这就是刘鉴铨，总是先换位思考他人处境。他认为这样也会使自己内心好受。

报社内的种种障碍与纷争，虽让人劳心劳力，但刘鉴铨始终以他的智慧与胆色，一一消弭、清除、跨越。只是没想到，1986年那场席卷亚洲的金融风暴，最终"祸延"《星洲日报》，报社深陷财困以致几近没顶，这是始料未及的，却到底叫他难挽狂澜。

林庆金家族接手后为《星洲日报》所带来的曙光，瞬间消失。亚洲金融风暴让林氏家族的财务问题赤裸裸地浮上台面。

稳居全国第二大报地位的《星洲日报》，报社业务原本无碍，一直有盈利。但在林家接手后仅仅过了四年，便因林家旗下的建筑公司面临困境，把《星洲日报》的资金调拨过去支援，导致报社背负着巨大的债务，周转不灵。最后，情况更坏到发不出薪金、拖欠雇员公积金，连出报的新闻纸也没有钱买的地步。

为此，新闻从业员工会发动"还我薪水"的抗议行动。员工每天绑黑纱上

班，可是抗议归抗议，记者、编辑们还是在刘鉴铨的领导下保持理性，设法维持报纸的出版，让报社正常营运。

现为传教士、致力于为东马及印尼贫苦原住民孩子办学的资深媒体人张清水（Bob Teoh），就是在这个时候与刘鉴铨"不打不相识"的。

张清水是纯英文教育出身，马大经济系毕业。完全不谙中文的他和刘鉴铨相知于1984年到1986年星洲日报社陷入财困时期。那时，张清水是马来西亚全国新闻从业员工会的总秘书，他就欠薪水一事，代表会员找总编辑刘鉴铨交涉。

代表劳方的工会总秘书，找上代表资方的总编辑，追究欠薪和未缴纳公积金之事，提出的当然都是尖锐问题，有点敌对关系。但会谈的气氛却出乎预料的平和，主要原因在于刘鉴铨以他山林之子的真性情，一开始就拿出诚意，想要解决问题。

其实，彼时华文报业经营不易，有些报社主管看见工会领袖上门，想法子蒙混过关。但刘鉴铨决定以透明的方式面对，他把问题摊开来。同时，还请会计师拿出账簿，请工会代表看账目，了解星洲日报社面临的财务情况。

会议桌上，双方对着赤字账目开会。刘鉴铨建议："我们是否用减薪的法子来解决？"张清水转头和工会其他代表讨论。

"好！可以有条件地接受。减薪是暂时性的，一旦报社财务恢复正常，应补发薪资给员工，也就是说，让星洲日报社暂时欠着这些人薪水。"张清水说。

刘鉴铨答应了。

这是很特别的安排——双方坦诚相对的结果。

星洲日报社是当时唯一一家劳方愿以减薪方式，与资方共渡时艰的报社。主要原因是职工会代表感受到刘鉴铨的诚意，所以愿意配合。

当时还有另一家报纸——《建国日报》也面对财务问题，但其职工会代表不愿和该报资方达成协议，宁可让报社倒闭。

张清水回忆当年情况时说："虽然同样是面对财务问题，但星洲日报社的情况不同，职工会成员信任刘鉴铨，相信他是一个有领导能力的报人，有诚意合作拯救报社。"

张清水等工会执委不认同《星洲日报》业主林庆金，他们认为林庆金挪用资金是导致星洲日报社陷入财困的肇因。在这样的情况下，工会仍愿意与资方合作，就是因为看到刘鉴铨的诚意。

张清水在"茅草行动"事件发生以后离开了英文报《星报》，也离开了职工会，转战澳洲媒体。"茅草行动"令敢怒敢言的他在英文主流媒体上找不到发挥的机会，因为那些报社主管知道，如果聘用坚持追求新闻真相的他，会给报纸带来麻烦。

2009 年，张清水回到吉隆坡，再见到刘鉴铨。

多年后重逢，张清水和刘鉴铨都老了。他们都还记得当年那张开会的桌子，记得开会时"针锋相对"的紧张气氛。

现在，张清水是传道人，同时是时评人；刘鉴铨则还是报人。两个不同身份但同样坚持要说真话的人再聚首。

"我们之间还是有着不同。"张清水说，"我和刘鉴铨都是以诚实的态度来处世，但表达方法不同。刘鉴铨在管理马来西亚最大的报业集团（时），要关注到很多人：股东、读者、既得利益者、政府，他必须在各方的关系之中找到平衡。"

不过，两人都同意，做人做事都要说真话。

"刘鉴铨知道他的职责，他是个纯粹的报人。"张清水强调。

另一个基于刘鉴铨报人真诚本色，而向星洲日报社伸出友谊之手的同业，是时任《马来西亚前锋报》总编辑的再努丁。

在 20 世纪 80 年代中期，星洲日报社根本没有钱买进储备量足够的新闻纸，幸好刘鉴铨与再努丁有交情，常常在报社面临断"纸"之虞时，向《马来西亚前锋报》借一点新闻纸来"周转"，或一有小笔钱就向这家报社买一点新闻纸应急……

没多久，连这种有一天过一天的困境也过不下去了。1987 年 9 月 1 日，《星洲日报》被银行接管。

祸不单行的是，七个星期之后，即 1987 年 10 月 27 日，政府展开"茅草行动"，《星洲日报》的出版准证被吊销！

面对接踵而至的"屋漏偏逢连夜雨"黑暗关卡，刘鉴铨的腰板仍然挺得很直："只要我还有一口气在，我会倾一切力量，使《星洲日报》复刊。"

在《星洲日报》面临最严峻考验，陷入财困与停刊的日子里，他对新闻的理想和信念没有动摇过，继续以坚毅的精神领道团队克服困难；但他希望能忘记的，是在这段日子里看到的所有无情无义的嘴脸、所体会到的世态炎凉。

这些经历，让他更体悟到关羽正义情操的可贵。

第五章

新的开始·旧的延续

1988 年 4 月 8 日，对刘鉴铨来说，是一个刻骨铭心的日子。

这一天，在"茅草行动"中被政府吊销出版准证的《星洲日报》复刊了。

复刊的前一天，刘鉴铨伏案挥笔，准备写一篇告读者的复刊词。

然而，一向下笔行云流水的他，此刻却久久无法落笔。

万千感慨，涌上心头。

他想到了同事们热切渴望、悲观绝望、无奈迷茫的种种眼神，想到了他们半年来捉襟见肘的苦涩日子，想到了刚过去不久的那个惨淡的农历新年。他也想到了重压之下彼此关切的温暖支撑，想到了那些世态炎凉和无数次的被拒绝，想到了理想和激情曾被蹂躏得风雨飘摇。他还想到了愿出巨资拯救《星洲日报》的张晓卿。

没多久，连这种有一天过一天的困境也过不下去了。1987 年 9 月 1 日，星洲日报社被银行接管。

祸不单行的是，七个星期之后，即 1987 年 10 月 28 日，政府展开"茅草行动"，《星洲日报》的出版准证被吊销！

面对接踵而至的"屋漏偏逢连夜雨"黑暗关卡，刘鉴铨的腰板仍然挺得很直："只要我还有一口气在，我会倾一切力量，使《星洲日报》复刊。"

在《星洲日报》面临最严峻考验，陷入财困与停刊的日子里，刘鉴铨对新闻的理想和信念没有动摇过，继续以坚毅的精神领导团队克服困难；但他希望能忘记的，是在这段日子里看到的所有无情无义的嘴脸、所体会到的世态炎凉。

这些经历，让他更体悟到关羽正义情操的可贵。

刘鉴铨最后把思绪拉回到手中的笔，他告诉自己，令人窒息的 163 天煎熬，在这一刻，将被今后的墨香稀释殆尽。

理想依然在继续，使命依然在延伸，一切都没结束，一切才刚刚开始。

他伏案缓缓地在稿纸上写下八个字——"新的开始，旧的延续"。

随后，他写道："在殷切的盼望中，停息了 163 天的印刷机又再滚动。隆隆的机声，令我们无比的兴奋。《星洲日报》今天恢复出版，这是我们同仁的喜讯，也是广大读者及各界友好的佳音。"

这份拥有 58 年历史的报纸，跌倒之后重新站立，继续肩负未完的使命。

1987 年 10 月 28 日，当局以"触犯出版准证条例"为由，宣布吊销《星洲日报》的出版准证。骤变突起，使我们来不及向读者道别即告停刊。对大家造成的不便，我们谨致以万分的歉意。

在当时的情势下，《星洲日报》可在下列两条途径中择一：

一、依法进行抗辩，要求法庭审判。

二、接受政府的决定，相信政府没有滥用权力。

《星洲日报》选择了第二条途径，理由是显然的：马来西亚是实行议会民主制（我国习称"君主立宪联邦制"）的国家，政府是在大选中得到人民信托而治理国家的。它在任期间有权力依法采取任何认为适当的行动。不论有关行动导致什么后果，都将由政府在未来的大选中向人民负责。

《星洲日报》复刊，象征着马来西亚赖以生存与发展的民主基石仍然稳固。复刊后的《星洲日报》当然更懂得生存的价值，但是生存必须是有意义的。我们将继续顺应时代的需求，为启迪民智、表达公意、服务国家社会而做出更大的努力。复刊是旧的延续，也是新的开始。

复刊当天出版的《星洲日报》

在复刊词的最后，刘鉴铨以郑板桥的《咏竹诗》做结语，并与读者共勉：

咬定青山不放松，立根原在破岩中。
千磨万击还坚劲，任尔东西南北风。

刘鉴铨喜欢竹子，在他的办公室走廊对面的墙上，就挂了一幅郑板桥《咏竹诗》的书法作品。日复一日经过这幅挂在墙上的书法作品，竹子就"长"在了他的心中。那是一种磨砺，一种积淀，也是一种与生俱来的禀赋。

在新闻长征的路上，刘鉴铨的经历也像竹子——总是平顺了一段日子，就有

一个关节卡在前面，考验着他和他的团队。但是，每跨过了一个节，又是一个新的突破，升到另一个新的制高点。

《星洲日报》停刊，却是刘鉴铨前所未见，也根本没有预想到的最大的一个关卡！

现在回想起来，刘鉴铨自己也不清楚当时怎么会有这样的勇气去闯关。

1987年10月27日爆发的"茅草行动"，至今仍是马来西亚历史上黑暗的一页。在刘鉴铨的记忆中，这也是一场深不见底的噩梦。他率领着一大群星洲人，在恐慌、迷茫、无奈、义愤中，最终选择了义无反顾的坚守。

那是落魄不堪时的彼此扶助，也是内外交困中的风雨同舟。

在这之前的1987年9月1日，因为林家管理不善，《星洲日报》被合众银行（现并入兴业银行）接管。报纸就像汪洋大海中的一叶扁舟，随汹涌波涛独自飘摇。

员工们出于对《星洲日报》那份难以割舍的情愫，仍维系着报纸正常的出版，直到马来西亚新闻史上最黑暗的那一天的到来。

20世纪80年代，由于各种混合因素，再加上某些政客的煽风点火，种族关系非常紧张。

1987年10月27日，马哈迪政府以避免种族冲突为由，援引内安法令，展开大逮捕行动，导致百余位为民主人权斗争的各界人士被捕。

10月28日，华文《星洲日报》、英文《星报》、马来文《祖国日报》的出版准证被吊销，29日停刊。指控《星洲日报》的罪名是：刊登挑起种族情绪的新闻和评论。

1987年10月28日，华文《星洲日报》、英文《星报》及马来文《祖国日报》的出版准证被吊销

政府宣布吊销《星洲日报》出版准证时，刘鉴铨正在印度尼西亚的巴厘岛参加东盟编辑人大会。

第三届东盟编辑人大会于 1987 年 10 月 26 日至 31 日在巴厘岛举行。刘鉴铨（前排右一）在开幕仪式后与其他与会者合影

会议中快轮到刘鉴铨发表报告时，有人把一则国际通讯社的新闻稿递到他面前，映入他眼帘的是一行触目惊心的英文标题："Three Papers Closed Down！"一眼扫过去，他看到了《星洲日报》的名字。

他有点不敢相信自己的眼睛。

当确定噩讯无误，他马上向主办当局请假，中止会议，赶最早的班机飞回马来西亚。

在万米高空中，刘鉴铨心急如焚，那一行硕大的标题一直在他眼前晃动着。

返抵国门，走出梳邦国际机场客运大楼的刘鉴铨一抬头，只见一大群同事正在焦急地等候，一看到他出来，迅速围拢过来。

萧依钊看到刘鉴铨的第一句话就说："老总，我们维护你，绝对不会让他们把你带走。"

按照当局的常规做法，一张报纸出了问题，必然会问责该报的总编辑。大家担心政治部特警会到机场直接逮捕刘鉴铨，于是全体人员到机场接机。

"如果政治部的人来提你，我们就用人墙把政治部的人阻隔开来。"

望着聚拢在身边的同事，刘鉴铨很感动。

回到报社，一大群不安的同事等着他。看着大家惊慌失措的眼神，刘鉴铨知道，这时候要先安人心。于是，他开口说："这份报纸是在我当总编辑的时候停刊，我也会倾我一切的力量，只要我还有一口气，我都会尝试让这份报纸复刊。"

大家看着刘鉴铨，每一双眼睛都透露出期待。为了让大家安心，刘鉴铨在停刊期间，天天回去报社。他记得他的承诺，想尽办法要让诺言实现。

近二十年来，提起"茅草行动"，常有人问刘鉴铨："当时逮捕了那么多人，为什么没有抓你？"

刘鉴铨苦笑："报纸被关时，我从未想过自己会不会坐牢。事实上我没有坐牢，或许贵人相助吧！"

据说，当时《新海峡时报》总编辑卡迪加欣（Dato' Kadir Jasin）向首相马哈迪为刘鉴铨和《星报》总编辑陈伟权说项："报纸已关了，还要抓总编辑干什么？"或许马哈迪的一转念，让他免了牢狱之灾。

多年后提起这件事，他淡然地说："坐牢也没什么，可能在历史上是英雄呢……我没想过这个问题。"

"茅草行动"过后，刘鉴铨不断鼓励《星洲日报》员工坚持下去。他深信报纸不能出版只是一时之事，但是人心一旦涣散就会无心恋战了。他发誓会努力让《星洲日报》复刊。然而，他没想到，过程是这么的漫长和苦涩。

"茅草行动"发生后不久，刘鉴铨碰到一个机会，见到首相马哈迪，他单刀直入地问马哈迪："关掉我们三家报纸的理由是什么？"

马哈迪没有给他具体的答案，但刘鉴铨还是从马哈迪口中得到一个信息："我们会发回你们的出版准证。"

停刊初期，大多数员工还每天来上班，大家都有信心很快就会复刊。在停刊的第一个月，员工们领一个月的薪水，次月拿四分之三，接下来只领二分之一，后来只有四分之一的薪水。

有人退掉刚下订金的新房子，有人卖掉了车子……大家都苦苦地坚持着。

1988 年的那个农历新年，大家都过得很凄惨。

时间一天天过去，一些有家庭的同事迫于现实环境，不得不出去找工作。但大部分员工还是不甘心，也不想放弃。

跟其他星洲日报社员工一样，刘鉴铨领的薪水也逐步减少。他顿时面临经济压力，他的三女儿升学的学费还没有着落……

没想到，一天，女儿回来告诉他，因成绩好而获得校内奖学金，解决了学费问题。

二十多年后，已为人母的女儿在一次家庭聚会上提起，当年她没申请奖学

金，而且班上成绩优异的同学不少，她本来也不了解老师为何会推荐她。后来，她从旁打听才得知，有位老师是《星洲日报》的读者，她知道《星洲日报》面临的困境，悄悄伸出援手。

那位老师只是轻轻地对这女孩说："你的奖学金批准了。"也没再多说什么。

刘鉴铨乍知此事，感动莫名。

他即时写了一篇文章记述心情，他写道："老师为了不让她难堪，把这件在一些思维复杂的人看来是施恩的大事，轻轻交代过去，一如夏日的凉风。"

这一阵"夏日的凉风"一直挂在刘鉴铨的心上。当他行有余力，他也不知多少次扮演过"夏日的凉风"，静静地照拂着有急难的同事们。

这一方面，对刘鉴铨的前任秘书汤琇珺和现任私人助理赖玉娟而言，记忆最深刻的正是这些温暖的细节。

汤琇珺1996年尚在学校求学时，就在《星洲日报》当工读生。毕业后正式加入报社工作至今（指2013年），曾担任刘鉴铨的秘书两年多，现在是星洲日报基金会执行长。

当汤琇珺仍是工读生时，有一次她的母亲发生意外，被摩托车撞伤，她请了无薪假回家去。但突接刘鉴铨急电，她以为发生了什么事，迅速赶回报社。

回到办公室，刘鉴铨要她收下一叠钞票。年轻的汤琇珺大感惊愕，她不知道领导为何给她钱，急忙推辞。但是，刘鉴铨告诉她："这不是给你的，这是给你的母亲买补品的。"

近身替刘鉴铨工作，汤琇珺知道刘鉴铨的生活有多俭朴，一双皮鞋穿了多年，衣着以整洁舒适为原则，从不考虑是不是名牌。吃也吃得很简单。"但是，老总在帮助人的时候，掏钱总是掏得很豪气。"这令汤琇珺感动不已。

在《星洲日报》任公共联系部经理的刘昆升，对此也有深刻的体会。

他于2006年加入《星洲日报》。入职后的隔年8月，他因家中事务与工作压力交织，导致身体不适，必须请长假寻医治疗及休养。

在家休息了几天后，报社同事即通知他，说刘鉴铨要见他。

刘昆升带着妻子和儿子，一起来到《星洲日报》总社。他那念小学三年级的儿子不小心在报社停车场一个倾斜的路段跌倒，膝盖受了伤。

他们一家三口在集团时任总编辑萧依钊和副总编辑曾毓林的陪同下，来到董事经理办公室。

据刘昆升回忆见面的情景，他们一推开门，眼尖的刘鉴铨立即发现他孩子膝盖上的伤口，爱怜地拉住他的小手问道："你是不小心跌倒，还是地不平？"孩子说："是我不小心。""那么，以后走路要小心些。"小孩的眼泪触动了刘鉴铨心中柔软的部分，他决定向这家人伸出援手。

刘鉴铨询及刘昆升的生活情况时，刘昆升一时悲从中来，把自己这两年来遇到的经济压力及夫妻俩为照顾岳父逝世后患忧郁症的岳母而心力交瘁，全家从东海岸家乡搬到首都所需克服的种种困难，以及背负的一些债务，一股脑儿地全部说了出来。

"请大家先出去一下，我想和昆升说点话。"静静听完刘昆升的倾诉后，刘鉴铨请大家回避。

他走到自己的办公桌，拉开抽屉，开了一张数额不小的私人支票，请刘昆升收下。刘昆升婉拒这张善意的支票。

刘鉴铨说："这是给你孩子的教育费。"坚持要他收下，同时，要他先休养一段时期，待情况好转后再回来报社上班。

刘昆升犹豫，直说自己不会写文章，不敢回来工作。但是，刘鉴铨告诉刘昆升："不需要你写文章，你只要回来上班，把公关工作做好。"

2008年1月，刘昆升回到《星洲日报》上班；一个月后，旧病复发，他又去看医生，回家再休养一个月后，才重拾信心回到办公室。

休养期间，他又收到刘鉴铨开给他的另一张私人支票。

时隔两年，刘昆升省吃俭用，积蓄了5 000马币，他拿着这笔钱去见刘鉴铨，说："我现在只有能力还一部分的钱，将来我会把欠您的钱慢慢还清。"但是，刘鉴铨坚持不收，并告诉他："这些钱，你留着给孩子升学用。如果将来有机会，你也可以帮助一些人。"

刘昆升执意要还钱，把钱交到萧依钊手中，而刘鉴铨又不肯收。萧依钊见两方都很坚决，于是建议刘昆升把这5 000马币捐给星洲日报基金会作为"清平乐之家"的建筑基金。

如今，行有余力之时，刘昆升总会默默帮助有需要的人。刘昆升的大哥刘昆岗，是《星洲日报》驻文冬市的报纸代理兼新闻通讯员。现年七十多岁的他认识刘鉴铨半个世纪，十分清楚刘鉴铨的家境，他告诉刘昆升："刘鉴铨也不是有钱人，他家早年很穷，他吃过苦，他知道穷的滋味，因此他总是尽自己的力量去助人。"

实际上，自奉甚俭的刘鉴铨，对金钱的观念一贯淡泊。公事上，他为员工福利着想，只要公司赚钱了，他就尽量为大家加薪。但是，他从未想过该为自己提出加薪。

一直到1996年，一位加盟星洲日报社管理层的董事无意间获悉此事，向张晓卿社长报告，张社长立即给刘鉴铨加薪。

"老总是没有架子的人，和他一起工作，像朋友，也像亲人。我从他身上学到认真工作的态度和人生的道理。"另一位秘书，后来晋升为其私人助理的赖玉

娟，切身感受到刘鉴铨的亲切。

赖玉娟从 1996 年起近身协助刘鉴铨处理公务至今（指 2013 年）。她说："老总常自掏腰包帮助同事。几年前，我身体不好，他也私下津贴（补贴）我一点钱，让我买些补品，把身体照顾好。"

偶尔，从刘鉴铨的办公室会传出他激动的声音。赖玉娟说："他是个感性的人。有时候，遇到报社或同事受到无理的欺压或下属不长进，他会非常激动。不过，他会很快控制住自己的情绪。他的包容心很强。不过，他认为每个人都很有长处，如果长处大过短处，也就行了。"

停刊的日子里，刘鉴铨在努力地坚守着，也感受到人情冷暖的冰与火。

刘鉴铨告诉自己，即便所有的人都撤离了，他也要坚守到最后。他很清楚，做人必须要负责任。既然选择这个行业，他的责任就是带着这支队伍前进。

就算是停刊了，刘鉴铨依然在勾勒着《星洲日报》的愿景。他所勾勒的愿景蓝图留住了《星洲日报》的人才。

他在黑暗中高举火把，同仁们心中就闪烁着希望的火苗。而支撑着刘鉴铨的，则是那些不知名的读者。

"数十年来，给我们很大鼓励的是那些普罗百姓，他们是社会良心，他们来自社会各个角落。"

停刊的五个半月，刘鉴铨天天来上班。身为总编辑的他在报界多年，因工作关系而认识或有来往的政商要人、官员、社团领袖等所谓"朋友"为数不少，平日里案头的电话也响个不停，但是在停刊期间，他总共只接到过三个人拨电话来关切《星洲日报》的情况。

第一位是政治世家出身的李裕隆，第二位是时任《马来西亚前锋报》总编辑的再努丁，第三位是英文《新海峡时报》总编辑卡迪加欣。

反对党领袖林吉祥对《星洲日报》处境的关切，也让刘鉴铨至今仍铭记于心。记者出身的林吉祥是少数让刘鉴铨尊敬的政治人物。两人平日里各忙各的，不常接触，但彼此一直惺惺相惜。因为对一些国家议题的观点相左，两个人还曾在电话中吵过架。没想到《星洲日报》出事后，在"茅草行动"中被拘留 18 个月的林吉祥刚被释放，就很有义气地致电关心。林吉祥对刘鉴铨说："马哈蒂尔政府竟然拿报纸来当代罪羔羊，我和民主行动党将与《星洲日报》站在一起。"

刘鉴铨苦撑着《星洲日报》，原以为一份华文报被停刊了，社会上高举民族文化大旗、维护华人文化的热心社群必然会有所反应，然而没有。没有道义上的声援，也没有人情的慰藉。也许，"茅草行动"的震慑力太大了，人人自危。除了被关在政治扣留营的那一百多个人，很多人躲到国外去了，包括另一家华文日报的总编辑。

　　刘鉴铨和他的团队，选择了坚强面对。

　　事隔多年，虽然他从没有去记住那些人是谁，但是人情薄如纸的体会，却在日后时时刻刻提醒着他，尽管相识满天下，但在患难之时那些"朋友"都不见了！所以更要努力把报纸办好，要组织团队使报纸壮大起来……

　　纵使处在最黑暗的时候，刘鉴铨对《星洲日报》终会复刊这一点从来都不怀疑。

　　但是，就算复刊了，因无力偿还巨债而被银行接管的报纸该怎么维持下去？这个大问题，才是刘鉴铨心中最大的结。

　　于是，停刊期间，刘鉴铨和几位《星洲日报》的高层主管，背负着整个团队的期待，四处寻求投资人。他们分别去联系有潜力的买家，有一些是面谈的，有一些是通过电话进行……

　　放眼当时的马来西亚，有能力收购《星洲日报》的有三百多个人，都是在华人社会很有名气的商人。

　　刘鉴铨接触了不下十个人，在接触中看尽世态炎凉，尝尽世间百味，也听了很多风凉话。有人指《星洲日报》自己不小心，得罪政府；也有人横加指责、说三道四。

　　奚落和白眼，让虎落平阳的刘鉴铨五味杂陈。

　　为报社找买家的过程中所遭受到的对待，刘鉴铨将其总结为四大种类。

　　第一种人是在财力上绝对有能力但没有兴趣。他们和刘鉴铨见面之后会说："报纸停刊真可惜！你个人有困难可随时来找我，但办报我没有能力……"

　　第二种人客客气气，先让刘鉴铨等一行人在办公室外苦等，等了很长时间才露面。一听到是要谈收购报纸，即刻说道："办报？我不适合！"

　　第三种人开口便问："《星洲日报》可做多少生意？可赚多少钱？我为什么要投资？把钱放在银行生息岂不更好？"

　　而第四种人则难能可贵，万中无一。他就是为《星洲日报》捎来火种的张晓卿。

　　"杨意不逢，抚凌云而自惜；钟期既遇，奏流水以何惭？"

　　在一次次碰壁之后，刘鉴铨终于遇到了张晓卿，也遇到了曾经一次次期待过的那曲《高山流水》。

　　刘鉴铨不会忘记，那天是 1988 年的 2 月 22 日，戊辰年的正月初六，在东马砂拉越的城市诗巫，他第一次见到张晓卿。

　　坐在飞往诗巫的航班上，刘鉴铨的心绪就和舷窗外的白云一样，翻滚飘移。他在想，这次见面会是怎样的一种情况？张晓卿身边会有哪些人？一堆人？会计师？律师？助手？

他甚至还想到这次可能又会遭到拒绝，但拒绝的方式是含蓄还是直接？

飞机很快降落在诗巫机场，答案马上就要揭晓……

到达常青集团总部，刘鉴铨一行四人被领进张晓卿的办公室。他想象的画面没有发生，偌大的办公室，只有张晓卿一个人，没有律师，没有会计师……

张晓卿主动迎上前来，热情礼貌地逐一握手寒暄，然后大家一一就座。

张晓卿还亲手给每个人递上刚刚泡好的热茶。袅袅茶香弥漫一室。

因为事先彼此通过气，再加上张晓卿亲切有礼，彼此间一切俗套的客气话也就免了。

刘鉴铨说："张老板，您知道《星洲日报》现在的情况吗？"

张晓卿微微点头，又轻轻摇头。

刘鉴铨讲了这样一个故事："坦塔罗斯是希腊神话中主神宙斯之子，起初甚得众神的宠爱，获得别人不易得到的极大荣誉——能参观奥林匹亚山众神的集会和宴会。坦塔罗斯因此变得骄傲自大，侮辱众神，后被打入地狱，在那里备受苦难和折磨。

"他站在一池深水中间，波浪就在他的下巴下面翻滚。虽然凉水就在嘴边，但当他弯下腰想去喝水解渴时，池水立即流走，留下他孤身一人站在一块空空的平地上。当他饥饿难忍时，在他身后就是湖岸，岸上长着一排果树，果实压弯了树枝，就吊在他的额前，可是就在他踮起脚来想要摘取时，空中就刮起了一阵大风，把树枝吹向空中。

"除了忍受这些折磨外，最可怕的痛苦就是连续不断面对死神的恐惧，因为他的头顶上吊着一块大石头，随时都会掉下来，将他压得粉碎。"

张晓卿听得很认真，刘鉴铨讲得很投入。

"现在我们和我们的同事就经历着这样的坦塔罗斯之痛，每每接触一个有潜力的投资者，就似乎看到了希望，却又飞走了，失望之后接着的还是失望。"

喝一口清茶后，刘鉴铨继续说："我们希望你是普罗米修斯，真正给我们带来火种，让我们这些在风中雨中饱受寒冷与煎熬的人得到温暖。"

张晓卿听了刘鉴铨讲的故事后，陷入一阵沉默，空气犹如凝滞了一般。

沉默过后，张晓卿一连问了刘鉴铨三个问题：

《星洲日报》第一年要赔多少钱？

《星洲日报》第二年要赔多少钱？

《星洲日报》第三年要赔多少钱？

第一个问题，刘鉴铨回以一个金额。

第二个问题，答案是另一个数目较小的金额。

第三个问题，刘鉴铨的回答是："如果到了第三年还要赔钱，有尊严的管理人都会辞职让贤。所以，我不能回答这个问题。"

张晓卿没有再问第四个问题。他站起来走到办公桌前打电话，用福州话与电话那一头的人交谈。

刘鉴铨一行人都听不懂。

"直到后来我才知道，那通电话是打给他在新加坡当医生的弟弟，要他提高献购价到50万马币。"放下电话后，张晓卿对着刘鉴铨一行人说："我决定收购《星洲日报》。"

突然间一块巨石落了地，一向沉着的刘鉴铨有些激动，甚至不知道该说谢谢还是恭喜。

带着这样一个喜讯，在返程的飞机上，刘鉴铨的心情比天际的云朵还要轻盈。

"张晓卿决定收购《星洲日报》，完全没有提出任何附带条件。"

在诗巫会面之后，张晓卿随即委托代表与合众银行谈判。因为后者倾向于把报纸卖给马来西亚资本的公司，出价一再调高，谈判一度陷入僵局，这过程拖了很长一段时间。

最后，张晓卿亲自出马参与了谈判，向银行发出最后通牒："我给的条件就是这样，我要你们在下午五时之前给个答复，同意就卖，不同意就拉倒！"张晓卿心里明白这些人的小算盘，这几句话既是一种态度，也是一种风格。

不到下午五时，合众银行就回复同意张晓卿的收购条件。

1988年3月，张晓卿和合众银行达成《星洲日报》的收购协议，履行了和刘鉴铨在第一次见面时许下的承诺。

1988年4月初，在刘鉴铨不懈的争取之下，内政部终于重新发放出版准证给《星洲日报》。

久久的等待，漫漫的坚持，终于拨云见日，这张本就不该被撤销的准证如今失而复得，很难说是喜还是悲。无人处，刘鉴铨悄悄地擦拭英雄泪。他还记得当初他对同事的承诺，他也记得风雨如晦中同事们为了梦想所忍受的苦痛。

"出版准证从我的手上失去，再经我的手中复得。我总算可以对我的团队和广大读者有所交代了。"

张晓卿收购《星洲日报》之后，并没有安插自己的亲信进入报社，而是放手让刘鉴铨全权领导《星洲日报》往前冲。

多年以后，刘鉴铨还是惊奇于张晓卿这样一个白手起家、靠艰辛打拼成功的企业家，竟然没有派人调查业务和财务状况，就完全相信他们的报告。

同样是多年之后，张晓卿的一句话，多少算是对刘鉴铨之"惊奇"的一个诠释："我不忍心看到读了四十年的报纸就这么没了！刘鉴铨领导的报社管理层所展现的不屈不挠的意志以及高度的专业精神，也感动了我。"

两个从未谋面的男人，为了振兴一家华文报纸，走到了一起。从此，一曲百转千回的《高山流水》，伴随着《星洲日报》，响彻在马来西亚的土地上。

"死而复生的人会更加珍惜生命，而且活得更有意义。"刘鉴铨说。

"茅草行动"是华文报在华人社会所占位置的分水岭。在此之前，马来西亚华人社会的民意主流是模糊的，华文报章只分大报、小报。"茅草行动"使华人社会产生凝聚力，警觉到政府的压制，进而广泛关注华文教育，寻找认同的对象，潜意识中认同因为敢言而被关闭的《星洲日报》，认为《星洲日报》"代表我们的声音"。

1988年4月8日，当第一份复刊后的《星洲日报》印出来时，刘鉴铨激动地捧着新报，使劲地闻着那股新鲜的墨香。这时，他觉得世界上没有任何气味能像这股墨香般沁人心脾了。

复刊第一天，报社总动员到外面派发《号外》，通知社会人士：《星洲日报》复刊了！

停刊之前，《星洲日报》每天有10万份销量；复刊后，一夜之间读者大部分回流，甚至从前不读《星洲日报》的人，也纷纷改订《星洲日报》。

刘鉴铨悄悄地走进一家咖啡店，安静地坐在一角，要上一杯南洋咖啡，慢慢地品味。邻近几张桌子的客人，都边喝咖啡边翻阅着新鲜出炉的《星洲日报》，并不时小声讨论着报纸上的内容，一脸愉悦。

有多久没能享受如此惬意的时光了？刘鉴铨自己也记不清了。

在南洋咖啡的芳香中，刘鉴铨沉醉着，也清醒着。

他晓得，《星洲日报》复刊后的生机，只是一种激发效应。那是因为华社了解到《星洲日报》是为了维护华族教育大义而被政府停刊的，因此报纸复刊后得到了强烈的回应，这是道义上的声援和对《星洲日报》深切的期许。要真正恒久地挽留住读者，路还很长。

"编辑部的同仁有一个共识，那就是报纸必须贴近社会脉搏。"刘鉴铨还记得这是当年大家痛定思痛后的结论。

刘鉴铨不希望大家被暂时的"盛景"冲昏了头脑，在自满中迷失方向，蹈入"温水效应"的悲剧，他最担心的就是这一点。

在内部会议上，刘鉴铨把自己的信念传递给他的同事：

马来西亚华人社会需要一份反映他们心声的报纸，《星洲日报》就扮演了这

样的角色。但是，我们一定要记住，我们是一份立足马来西亚的大报，必须兼顾非华人的感受和反应，也就是"社会责任"，所以，我们既要维护华族的权益，又不能不顾其他族群的感受，更不能违反国家政策。

这么一份历史悠久、深得民意的报纸，竟然被勒令停刊半年，报社同仁受尽人情冷暖，看尽世态炎凉。今天，我们必须振作起来，必须努力把报纸办好，这样才能赢得社会的尊重。

在这样的信念下，投入到新闻战场的记者们，那时候是"一个抵别报三个"，拼命到忘我的程度。身为总编辑，刘鉴铨不忘身先士卒。连续七届全国大选，包括复刊后的 1990 年和 1995 年大选，都是刘鉴铨带着一群记者投入"大选新闻战"。尤其是投票当天，记者们甚至要连续工作 36 个小时，刘鉴铨也与大家并肩作战，为他们把关、指路。

正是在这样的信念下，各部门一改过去的"山头主义"，团结合作，同舟共济，共谋未来。

也是在这样的信念下，《星洲日报》成立了招徕报份的队伍，挨家挨户促销《星洲日报》，开创马来西亚报业先河。那段时期，《星洲日报》的报份每个月

1988 年 4 月 9 日的《星洲日报》

都在往上冲，每个月的销量都增加几千份。

同样是在这样的信念下，刘鉴铨和其他主管一起确定了《星洲日报》的长远规划："用五年的时间将《星洲日报》报份，推向全国第一！"

张晓卿对这一信念，表示了完全认同和支持。

令刘鉴铨倍感欣慰的是，发刊后仅仅三年的时间，《星洲日报》就异军突起，独立潮头，成为大中华区之外销量最大的中文报纸。

1989 年 4 月 8 日，《星洲日报》庆祝复刊一周年。曾因社论得罪新加坡当权者而被监禁的前《星洲日报》主笔李星可（右三）出席了报庆晚宴，受到时任总编辑的刘鉴铨（右二）和时任副总编辑的陈基球欢迎

　　毋庸讳言，这巨大的突破要归功于团队的信念、业务的拓展以及读者的关爱，但归根结底取决于报纸的品质。

　　的确，刘鉴铨倡导的办报理念和为此进行的改革，为《星洲日报》的腾飞奠定了基础，甚至为其他华文报章带来良性的启示。

　　复刊之后，《星洲日报》面临着诸多的挑战，发展的形势依然严峻，可谓"万物复苏，千头万绪"。

　　曙光乍现，百废待兴，刘鉴铨感觉到"时不待我"的紧迫。

　　报社的工作日从原来的"五天半制"改为"六天制"，工作量增加，薪水没有提升，但是没有人有怨言，大家都铆足劲地向前冲。

　　在停刊的日子里，刘鉴铨要寻找买家，要不停地跟有关当局交涉督促取回出版准证，要安抚失落的员工。但是，就算身处逆境，他仍然没有停止过思考如何改善《星洲日报》的品质，加强内容的可读性。

　　身为总编辑，刘鉴铨以他的前瞻性思考，为复刊后的《星洲日报》崛起，培育了一个又一个飞跃的着力点。他天生不从众的性格，使他敢于采取开放的思维突破传统窠臼，此时成了推动《星洲日报》勇攀一个又一个高峰的巧思。

　　在刘鉴铨执掌编辑部之前，新闻取舍都由编辑部主管说了算。新闻主任或采

访主任虽然对很多新闻的处理有意见，但都无权置喙。

一般情况下，只有国际新闻，尤其是中国新闻才能上《星洲日报》的封面头版，其他华文报基本上也如此操作。《星洲日报》曾因此发生许多重要新闻被"藏匿"的事件。

最令人难忘的例子，是马来西亚第三任首相，也是马来西亚有史以来第二位政府领导人对中国的正式访问。

20世纪70年代，中马两国尚未开放民间访问活动。1979年5月3日，敦胡先翁首相率领政府代表团访问中国，这在当年不仅举国关注，也是国际外交的大事。但首相署只指定七八家媒体随团采访。华文报中，只有《星洲日报》和《南洋商报》入选。两家华文报都派出采访主任上阵。大家都想方设法抢新闻。

敦胡先翁一抵达中国，就获得了数千人的热情欢迎。为此，敦胡先翁深受感动，当晚的致辞即脱稿演说。随团的通译员是一位懂华文的马来人。敦胡先翁的脱稿，对通译员而言无疑是一种挑战，难以应付的一刻。

敦胡先翁及随行官员入住钓鱼台酒店，记者们则住在外围。通译员知道刘鉴铨的双语能力超群，有意安排他搬去敦胡先翁下榻的酒店，以便随时协助翻译。然而，刘鉴铨婉拒了。当时的中国还未实行改革开放，他不愿这趟难得的行程最终落得被束缚在戒备森严的钓鱼台上，于是宁可多在外围挖掘新闻。这是独立和新闻专业精神的体现。

1979年5月3日，刘鉴铨随敦胡先翁首相访华，摄于天安门广场

刘鉴铨凭借其人脉和敏锐的新闻触觉，获得了几条有分量的独家新闻。那时候记者出国采访都是使用酒店的传真机传稿回报社，或通过国际接线员打电话报新闻。传真和电话费均很昂贵，且须花费长时间苦候酒店和国际接线员接通报社的电话。为免电话拨到报社时没人接收或抄错新闻，刘鉴铨在出访之前指派华文造诣较高、新闻专业能力较强的记者萧依钊十多个小时守候在电话机旁。

刘鉴铨在前线冲锋陷阵抢回来的独家新闻，到了编辑部却被"浓缩"成小"豆腐块"，置于不醒目的版面，连标题也弄成微型。反观其他竞争对手，也许内容不独到，但是醒目的版面和大标题却足以吸引高人气。比较和对照各报相关新闻的记者们，大家都为刘鉴铨打抱不平。

编辑部主管甚至令《星洲日报》漏发一则轰动世界的头条新闻——中国"四人帮"的倒台。当这则新闻发到编辑部后，国际新闻组主任认为这是西方通讯社诋毁中国的阴谋，遂置之不理。

跑新闻多年的刘鉴铨在政府部门的人脉很广，常挖掘到独家新闻，可是这些独家新闻往往被编辑部压在内页版随便处理。许多记者采访回来的本地重要新闻，也被塞在内页版位。因此，《星洲日报》的报份和读者人数一直落后于《南洋商报》。

执掌编辑部后，刘鉴铨觉得，华文报必须顺应时代的潮流和社会的变迁，带动本地华人关注本地的政治、经济、文化、社会、民生问题，华文报内容必须本土化。只要是读者关心的且符合报纸价值观的重要新闻，不管是中国的还是其他国家的，都应放在重要的版面。

这样的调整，注定会令他面临一些艰难，甚至人身攻击。

他做好了面对反弹的心理准备。

刘鉴铨是一个相对自由、开明且乐观的人，对任何纯属意识形态、思想观念的东西都不会去攻击。他认为作为一个新闻人，必须有开放的心胸，才能客观看待问题。当然，前提是必须建立在公平公正的基础上。

在某种程度上，刘鉴铨认为自己有些"逍遥"。所以，他并不受那个时代的意识形态、狭隘的民族主义言论之类的牵制。

《星洲日报》在他倡导下，慢慢往本土化的办报方向推进。

实际上，本土化背后，蕴含着更深层次的国家认同的意涵，只是被很多人轻易地忽略，或者刻意回避了。这种由"华侨报"转变到"华人报"之后的心结，依然缠绕在很多人心中。

刘鉴铨的立场很明确："国家只有一个！中国是我先辈的故乡；我是土生土长的本地人，这里是我的国家。我是这个国家的公民，有权利，也有义务。至于这块土地上的政权如何对待我，那是另一回事。"

他想起20世纪60年代末第一次去中国台湾，接待人员十分热情地说："欢迎你们回来！"刘鉴铨礼貌地回答："对不起，我是马来西亚的华人，不是华侨，我是来访问的。"

"我学习中华文化，认同中国文化，我也可以对马来西亚政权有看法，但我不能不认同马来西亚，我是这个国家的公民。文化认同与对国家的效忠是不同的概念。

"当然，本地一些极端种族主义者动辄喊：'滚回中国去！'这是很愚蠢的。既然讨厌这种说法，那就需要我们行使公民的权利，去争取公平的对待。"

因此，每次刘鉴铨带队去其他国家，包括中国，在下飞机之前，他都会向大家强调："别忘了，我们是代表马来西亚的一个团队！"

然而，这样一种顺应潮流也符合客观实际的观念，会遭到一些不明事理者的非议。

马来西亚第四任首相马哈蒂尔曾被第一任首相开除，在他政治生涯处于谷底的时候写了一本书，名为"马来人之困境"。

1981年，马哈蒂尔出任首相后，刘鉴铨去采访他，并提出准备把书中一些内容摘要刊登出来，让民众了解他的想法。

1981年7月5日，时任《星洲日报》执行总编辑的刘鉴铨专访当时新出任首相的马哈蒂尔

马哈蒂尔表示同意，但他想了想，说："不如你把整本书翻译出来吧？"

刘鉴铨当即回答："好啊！"

答应得爽快，却没料到马哈蒂尔要求华文版在一个月内出版。时间太短，刘鉴铨一个人不可能完成整本书的翻译工作，何况他还要处理繁重的编务工作。

刘鉴铨找了几位同事协助翻译部分篇章，他除了亲自翻译大部分篇章之外，还最后把关校对和审改，终于在时限内赶完。"赶工难出细货"，他自己一直觉得这本译作有点粗糙。

一个反对党的地方领袖在选举集会时，手里举着《马来人之困境》，大骂刘鉴铨是"走狗"。

对于这种有悖现代文明的举止，刘鉴铨一笑了之。

《马来人之困境》

"一家报纸，当然必须具备全球视野，但是对于脚下这块赖以生存的土地却不去关注，这是不合潮流的。"刘鉴铨一直坚持自己的观点。

事实证明，当年刘鉴铨倡导开创的华文报章本土化先河，成就了今天《星洲日报》在国际上的影响力。

就算在《星洲日报》停刊期间，五个多月不用赶截稿交印的日子里，他也没有放弃思考如何改进《星洲日报》的内容。

每次，看到《星洲日报》长长的甚至多达五行的标题，刘鉴铨都如鲠在喉。站在读者的角度，他觉得长标题已经失去了"一目了然"的原始意义。

刘鉴铨在复刊之初，就立即提出了改进标题的建议。"制作标题不能超过三行，最好是两行，如果能够以一行来表达，那更好。简单明了，让读者一目了然。再也不能走回老路了啊！"

刘鉴铨还要求编辑人员精心设计标题，不能平平淡淡，也不能哗众取宠。

一直到今天，《星洲日报》都还在践行他的倡议，而读者也都以愉悦的心情接受了这样的改进。

他在编辑部增设了美术组，亲自请来美术编辑，为整份报纸装扮，让《星洲日报》的版面更美观。

以前的《星洲日报》封面版没有社会新闻，只有国际新闻和政治新闻，刘鉴铨认为社会新闻也很重要，不能放在太后面的版位。"我们要关注民生，社会新闻是个重要载体，我们为什么要把自己与读者刻意拉远呢？"

于是，社会新闻就被放在第二版，重要的社会新闻也可以上封面。

73

当年，被誉为"马来西亚国宝级歌手"的苏迪曼突然病逝，引起议论纷纷，不甚熟悉娱乐新闻的刘鉴铨，在了解苏迪曼的新闻性后，接纳新闻室同仁的建议，把苏迪曼的死讯放上封面版做头条。

刘鉴铨从不固执己见，乐于采纳同仁们好的建议，他的视野和胸襟让大家很佩服。

下午，他喜欢到员工食堂喝杯咖啡。一杯南洋咖啡，香气四溢，刘鉴铨喝得欢喜。

他喜欢听同事们在餐厅尽情用餐、谈笑。他觉得，只要大家开心、快乐，那么工作起来也会顺利。

他也喜欢在食堂和碰到面的同事聊聊天。

有一次午餐时间，他和同事一起喝咖啡。这时，一位货仓部的印度裔同事经过他们的饭桌。刘鉴铨喊他的名字，和他打招呼，并问起："那辆客货车修好了吗？"那位同事惊异刘总竟然认识他这个小人物，而且清楚地知道那么小的事情。

他记得公司各个部门的同事，即使是最基层同事的名字，他也记得。他视每个员工为星洲大家庭的一员。

为了更接近民众，刘鉴铨很鼓励记者们去做街头访问，或做问卷调查，再根据读者的回馈改善《星洲日报》的不足。

在他倡导下，《星洲日报》于1988年6月推出彩色的地方版《大都会》，是马来西亚第一家将地方版彩色化的华文报。地方版摆脱了以往以应酬式新闻为主的内容，转变为可读性强、温馨、民生、感性与趣味性强的新闻路线。他说："报纸最大的敌人就是无趣，报纸无趣，读者自然无兴趣阅读。"

当大家都忽略乡区新闻的时候，他推动《星洲日报》编采全程自动化，出版彩色地方版，走乡区民生路线，让《星洲日报》更深入民间。

面对网络时代的冲击，虽是传统媒体出身，但是刘鉴铨的高瞻远瞩，让他很早就思索该如何结合科技与报纸，为《星洲日报》迎接数字化时代做好部署，包括鼓励同事进修资讯科技课程，招揽这一方面的人才加入报社，拨出预算投资软件与硬件的建设，与时俱进地让《星洲日报》及早电脑化、数字化，面向全球。

刘鉴铨觉得，《星洲日报》既要重视平面媒体的发展，也要站在更高的起点，面向未来，致力于网站建设，服务更广大的读者。

当然，这是后话。

就在他全心全意带领着《星洲日报》全员向前冲刺的时候，无常却悄然而至——1989年1月29日，《星洲日报》总社发生了一场大火灾。

大火从行政部开始烧起，迅速蔓延，烧毁了会计部、资料室、发行部和生产部的办公室。

火灾中的印刷厂

《星洲日报》对自己火灾的报道

本已经下班的刘鉴铨，接到电话后匆匆赶回报社，发现大火很快就要烧到一墙之隔的印刷厂。

他顾不了那么多了，赤膊上阵和印刷厂的员工一起抢运印刷物资，幸运的是，大火并没有烧毁印刷机的主要部件。他清楚地记得，那些参与抢运物资的员工中，有马来人，有印度人。他也记得，张晓卿社长一大早就从东马飞过来视察灾情。

大火仅影响了《星洲日报》的两个出版日：第一天，印刷机不能操作，只好靠外包，请相熟的印务局协助，总动员使报纸顺利面市。

第二天，维修人员完成抢修，报纸减张出版，印刷机再投入生产。

第三天，一切都恢复如前，印刷厂重新正常操作。

一场大火，没有熄灭星洲人的斗志，反而愈挫愈坚，并且凝聚了向心力。

刘鉴铨明白，大火可以烧毁纸张和资料，但烧不毁《星洲日报》的文化、精神和历史。

往者已矣，但是，来者可追。

他想起古埃及神话中的“火凤凰”。相传这种生长于沙漠中的鸟，每五百年要火焚一次，再从灰烬中昂扬重生。

“浴火凤凰”象征着新生。

他期许未来《星洲日报》能浴火重生，开创新的历史。

1991年8月18日，刘鉴铨在槟城出席《星洲日报》地方版《彩色槟榔屿》新版推介礼时，道出了他的心声：“为了不愿见到我们社会逐渐陷入先进国工业社会人情薄如纸及弱者自生自灭的泥沼，《星洲日报》希望通过《彩色槟榔屿》《大都会》和《彩色大霹雳》等地方版来扭转这个不健康的趋势。”

刘鉴铨希望通过彩色地方版，建立充满温情的社会。所以，他提出了“有温情、有关心、有新奇、有深度”的口号。

“这些日子以来，《星洲日报》的同事一直努力尝试使这个口号付诸实现。例如，不久前，《彩色大都会》就报道了一位贫病无依的老人希望落叶归根，回到中国的故乡与妻儿团聚。结果，立刻有热心人士给他买机票、礼物，接济他的生活费。读者的热心表现，令我们感动，也给我们莫大的信心。”说到这里，刘鉴铨自己也已动情。

“为了顺应时代的大趋势，《星洲日报》大胆寻求突破，使地方新闻版彩色化，这在马来西亚报坛是破天荒的创举。在今日的世界，报纸彩色化就跟报纸生产作业电脑化一样，是一种无可逆转的时代趋势。当然，我们不会满足于版面的美观，我们更注重的是内容和可读性。”

复刊后，不断地检讨新闻内容就成了《星洲日报》编采主管们每天的必修

课，甚至一天数次，从上午看早报到下午分稿，再到傍晚检讨夜报内容。

在一次检讨会上，当时的采访主任用很多理由来解释自己为何漏掉一则新闻。刘鉴铨只说了一句："人家做得到，我们做不到，那就是自己努力不够，不能怪别人。"

轻描淡写的一句话，敲在每个与会人的心头，很重、很重。

复刊后的《星洲日报》，确定了"正义至上"的办报理念。

"有大课题的时候，我们有自己的立场，该发言时就发言，需要表明立场的时候就表明立场。"刘鉴铨不止一次对同事这样讲。

刘鉴铨一直对初中时认识的一个英文词语"Fair Play"（编者注：有人译作"费尔波赖"，喻指公平比赛），抱有很清晰的好感。当时，英文老师说了一个故事，让他得到很大启示：做事要遵循 Fair Play 的精神，即使是在没有人盯住的情况下，也要有良心的监督；法治精神更应该这样发扬，才能收到事半功倍的效果。

英文老师说的这个故事，有如影片般在他脑海中播放：

一对父子乘坐卡车要到海边游泳，唯一通道被一只海龟堵住，不能前进，小孩好心焦。

"开车碾过去。"

"不行。"

"我们卡车这么大，怕什么？"儿子问。

"海龟在海里可以快速游动，在陆地上却只能笨重地移动。如果我们把车开过去，它当然没有生存的机会，这样做完全没有 Sense of Fair Play。"

他遵循着 Fair Play 的精神做事待人，他的管理哲学依着西方的公平公正，以分层负责来处理公司的人事。

1991 年 1 月 1 日，《星洲日报》推出两个专栏：《横笔笑天》和《开窗说亮话》。刘鉴铨以总编辑身份发表刊词，说明这两个专栏都以针砭时弊为主。"横笔笑天"取自"我自横刀向天笑"；"开窗说亮话"就是"打开天窗说亮话"。

"赞美是需要的，但必须适可而止。莱蒙托夫说过：供给人们的甜食已经够多了，他们的胃因此得病，这就需要苦口的良药和逆耳的忠言。这句话深得我心。"

他引述鲁迅的话语："人们谁高兴做'文字狱'中的主角呢，但倘不死绝，肚子里总还有半口闷气，要借着笑的幌子，哈哈地吐它出来。笑笑既不至于得罪别人，现在的法律上也尚无国民必须哭丧着脸的规定，并非'非法'，盖可断言的。"

刘鉴铨说："无论在什么时代，都需要批评、讽刺和忠言。我们绝不能轻易放弃笑的权利、讽刺的自由。"

"但忠言逆耳，很少受人欢迎。千古多少有骨气的正直文人因此而横遭笔祸。历代都有文字狱，但古往今来的文人却从来没有沉默退缩。我们如果连这点骨气也丧失，还剩下什么？"

刘鉴铨以迂回的方法回应那个年代马来西亚特殊的新闻环境。他坚信"一半的真话也要说"。

他在1991年3月24日的《横笔笑天》专栏中写了一篇嘲讽文章。

"我们向来主张报人必须坚持说真话，不能说假话。但是，在客观环境里，有很多时候，真话只能选择性地说。不能做到知无不言、言无不尽。真话有选择地说，与专门说假话有根本的不同。故意说假话是别有居心；不把真话全盘道出，则是有不得已的苦衷。说了一些真话还是比完全不说的好。"

"顺手拈来一个最近的例子。有识之士在国会提出学生英文水平低落的问题，疾呼当局采取对策。某位大人以'Tidak Benar'（不确定）把课题推搪过去。"

"从事新闻工作的一个不好之处是，经常听到很多不能写的话，看到很多不能揭穿的虚伪脸孔。这种情形无异于闭目塞耳，只有憋着一肚子气，在新闻自由这堵墙找洞隙！"

旗手赴汤蹈火在所不辞，编采队伍跋涉在马来西亚土地上追访真理，探求真相的激情被催发得更加热烈。

刘鉴铨力求说真话，做人民的喉舌。但是，在捍卫正义的同时，他也得罪了不少人。

新闻工作者常被新闻带着走，难以兼顾家庭。刘鉴铨在家里很少谈到他的工作。

他的三女儿敏敏读小学三年级时，老师问她："你父亲的职业是什么？"敏敏回答："我父亲的职业是看报纸的。"她记得父亲在家时总是在看报纸，不多说话。

老师很惊讶，心想何时开始有"看报纸"这个职业？于是再细细追问："你父亲的职衔是什么？"

敏敏答："总编辑。他是看报纸的总编辑。"

老师笑了："哦！令尊原来是看报纸的总编辑啊！"

他的四个孩子只知道父亲很忙。父亲回家从不谈公事。但是，父亲忙碌和忧愁的身影，总让孩子们担心。非常疼爱孩子的父亲总是想法子争取时间与孩子们相聚。

1988年《星洲日报》复刊时发生的人事裁退案，是刘鉴铨心中永远的遗憾。

MITCHEL PARK
HORTICULTURAL CONSERVATORY
Milwaukee, Wisconsin

Within the Conservatory's domes, 3 climates (arid, temper-
ate, tropical) are maintained for the display of an interna-
tional collection of flowers and plants. The beautifully
arranged grounds and a flower-studded pool, allow a
leisurely stroll among plants appropriate to the region.

Scofield Souvenir & Postcard Co.,
Box 402, Menomonee Falls, Wisc. 53051

Plastichrome®
Boston, MA
02130-4598

POST CARD

1984 年，刘鉴铨应美国国务院邀请，到美国考察政治和经济制度
一个月，图为他从美国寄给其副手洪松坚的明信片，上有其亲笔字迹

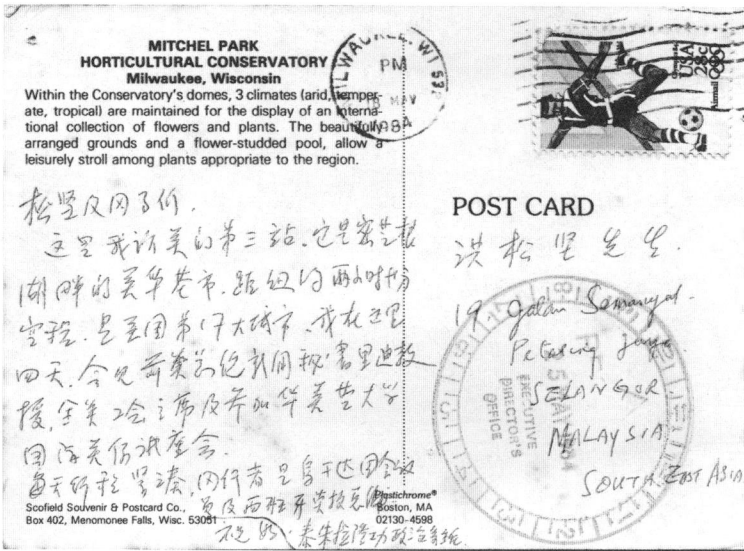

PAPER TWO

A CHIEF EDITOR'S VIEW ON
DECISION-MAKING IN THE EDITORIAL DEPARTMENT

What is a newspaper ? A Business ? A service-oriented public utility?
I hold the view that a newspaper in the context of our society is a
combination of both interests. Therefore, the challenge facing the
newspapers today is that of striking a balance between social
responsibility and commercial viability. It is a balancing act
conflicting in nature. Nevertheless, a newspaper has to be financially
sound. And at the same time plays a role as expected of a responsible
press. Having due regard to the role of a responsible press
(which was discussed earlier), a newspaper sets out its editorial
policies in line with the overall objectives of the publishing
company which finances its operation.

Editorial policies are general guiding principles upon which a newspaper
plays its role as a mass medium. They admittedly have to conform
to the implicit or expressed wishes of the Government of the day,
particularly in the ASEAN context.

The press in our country generally reflects the situation of the
Government and the society in which we live in. The diversity in
culture, race, language and ethnic groups is distinctly portrayed
in the newspapers. On the whole, the newspapers are expected to
cooperate with the Government policy. Failing to do so may result
in serious actions taken against the newspapers whose printing
permits are subject to approval being granted annually.

Newspapers in our society subscribe to the concept of social
responsibility as opposed to the other three i.e. authoritarian,
libertarian and communist.

In the normal course of event, a Chief Editor would go about the
routine with attention to the following aspects :--

THE GOVERNMENT AND THE PRESS relationship. The role of the press
is contingent upon the political system under which it exists. The
latitude of press freedom depends on the attitude of the politicians
in power. Such freedom, although guaranteed in the constitutions
of most countries, is being curtailed for various reasons.

/ 2

- 5 -

longer sufficient just to blame the high costs of newsprint,
production procedures and labour alone. The mentality of the
entire staff, both editorial and non-editorial, towards
sociological and economic changes is equally vital.

CC LIEW

17.11.1988

当年没有电脑，这是刘鉴铨的打字稿

《星洲日报》复刊前夕，报社有近七百名员工。重组后，按照接管银行委托的顾问公司的建议，公司如果想扭亏为盈，只能保留百分之七十的员工，以减低运营成本。

不被续聘者是经过仔细甄别，而且经过每个部门主管再三斟酌后所提呈的。整合裁退人员名单的其实是当时的总经理和执行总编辑，但是最后向董事会提呈名单的是刘鉴铨，所以承担责任的也就是刘鉴铨。有一百多人没有被续聘，随之产生的后果一直缠绕了刘鉴铨很久。

有的是蓄意扭曲，有的是不了解内情，一个传一个，说刘鉴铨无情无义。

刘鉴铨的心其实很沉痛。他看着关公的雕像，真不知道如果关公在那个当下，会如何做决定？

那是站在悬崖边的决定，前后都没有退路。

他记得三国时期，孔明"挥泪斩马谡"。

《三国演义》里记述，魏明帝命司马懿为都督，出兵街亭。诸葛亮命参军马谡为主将，率兵守街亭。马谡自恃熟读兵书而轻敌，违背了诸葛亮的叮嘱，也拒绝副将的苦劝。魏军大举围山，司马懿放火烧山，马谡只好率兵奔逃，最后魏军攻占街亭。

马谡虽然是人才，但是为了严明军纪，孔明只好含泪斩了他。

一切要有法治精神，公平、公正、公开。

刘鉴铨秉持这三大原则，努力建立《星洲日报》的行政和编采制度。

数十年来，刘鉴铨在新闻战的枪林弹雨中匍匐前进，如履薄冰；在内部人事里，他也站在悬崖边，承受着重压，承受着无法言说的苦。

他没有告诉任何人这些苦。他只是默默对着关公，苦水往肚里吞。

负重前行，是对刘鉴铨胆略和智慧的考验。那些生命中难以承受的苦和痛，他都扛了起来。

皇天不负有心人，刘鉴铨得到的回报就是，在一群"星洲开荒牛"的不懈努力下，《星洲日报》劈波斩浪，终于傲立潮头。

《星洲日报》在"茅草行动"后复刊，那时报份只有八万份。而早在1987年，《南洋商报》的报份已有十六万份，《星洲日报》距离《南洋商报》还很远。

1993年，《南洋商报》开始走乡村路线，当他们举办为华文小学筹款的活动时才惊异地发现，《星洲日报》早已在乡区这样做了，而且报份也已经悄悄爬升。

1993年，《星洲日报》第一次公开宣布以十三万报份超越《南洋商报》的十二万份。实际是，早在1991年这个事实就已经形成。

据 AC 尼尔森调查报告，每天有一百多万人阅读《星洲日报》。

VOL. 1 NO. 10 OCTOBER 1996 US$4.00

Hong Kong:
Ming Pao chases the missing cash

Bangkok:
Siam Post chief Paisal quits for magazine venture

David M. Cole:
Why they can't agree on how to go on-line

Presses:
Guangzhou Daily in double buy

ASIAN Newspaper FOCUS

The only magazine for the Asian newspaper industry

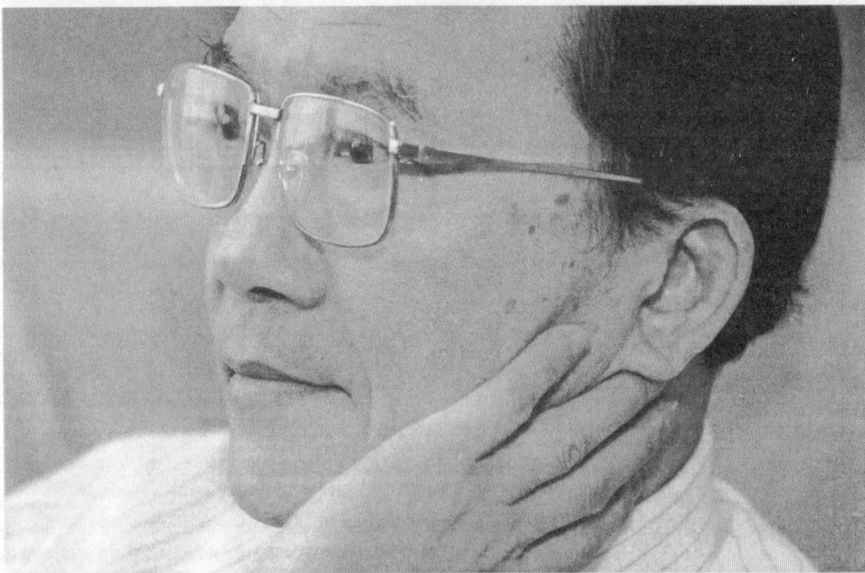

SIN CHEW RISING
Malaysia's Chinese-language leader

由于《星洲日报》创下了辉煌成就，亚洲报业公会会刊把刘鉴铨列为封面人物

81

这些数字，或许可以算是对刘鉴铨呕心沥血的回报，尽管有些痛苦永远无法弥补。

然而，炫目的数字并没有遮挡住刘鉴铨的视野。他总是念念不忘地叮嘱同事："读者纷纷订阅《星洲日报》，这里面必定至少有一个理由让读者喜欢，尽管《星洲日报》有八十三年累积下来的资源文化。虽然每天阅报人数高达一百多万人；但读者不支持《星洲日报》，却仅需一秒。"

"我们要珍惜企业文化以及每个员工的贡献，不论多大多小，必定要尊重同事，珍惜利益共同体。"

人无远虑，必有近忧。在温馨的咖啡店内，刘鉴铨再次端起一杯南洋咖啡，仔细品味着那股细腻绵长的幽香，心却已跳出咖啡店之外。

咖啡已有些微凉，刘鉴铨的目光依然向着前方。

前方，是《星洲日报》的未来。

第六章

不拘一格降人才

在新闻路上，刘鉴铨带领着《星洲日报》团队，一步一脚印地向前挺进；与此同时，他也从来不忘以前瞻的目光，投注在这份报纸的明天，投注在马来西亚华文报业的未来，以及马来西亚言论自由的拓展。

早在20世纪80年代《星洲日报》的多事之秋，他在不同的场合一再传递出这样的信号："西蜀地形天下险，安危须仗出群才。"在他看来，决定报业成败的关键因素别无其他，而是人才。他急切地呼吁："中文报当务之急在于建立一个健全的制度，创设良好的条件，从上到下，从发现、培养到使用各个环节，都能保证人才队伍源源不断地成长壮大。"

今天的《星洲日报》大家庭，群英荟萃、万马奔腾。作风一直都很低调的刘鉴铨总是躲在幕后，把一群群后生才俊推到了耀眼的聚光灯下。

"我劝天公重抖擞，不拘一格降人才"，然而，谋事在人，靠天终究不如靠自己。

再往前推，刘鉴铨对人才的关注，完全可以上溯到20世纪70年代。当他担任采访主任后，他对人才的关注，基本就是"如饥似渴"了。

爱好阅读的他，认为人才养成离不了多看书。因此，他常常鼓励大家多看书，多读经典。书看多了，视野就开阔了。"记者很难做到专才，称职和优秀的记者，顶多是个通才。因为我们吸收很多知识，很大程度上就是现学现用。久而久之，累积了很多知识，但是不专。如果没有经过系统性研究，不仅做不到专，也不见得深。记者需要尽量拓宽知识面，这样才能引导受访者讲出你所要的东西。"

刘鉴铨读中学时，曾看到一篇新闻特写，故事梗概简单：一个十来岁的男孩，每天都在街边卖蚱蜢，卖给养鸟的人喂鸟。挣钱养家，供弟弟上学。

这个穷家男孩的奋斗故事，激励了家境也不好的刘鉴铨。那时，他已经清楚知道，叙述一个真实的故事，有时候比一大堆生硬的说教更能达到"励志"效果。

他把这种思想传递给"星洲人"，一传就是几十年。

今天，星洲高层里的众多成员，无不受过刘鉴铨的点拨、指引，历尽磨砺，而独当一面。

给你动力，给你压力，更给你推力，这就是刘鉴铨的"引路"之道。

很多时候，很多人都是在他的呵护下，展翅高飞。

不用回头，他们亦能感觉到背后那一抹温暖的注视，是来自刘鉴铨的。

喜欢读书的刘鉴铨，有一个小小的梦想，在他退休后，他要在风和日丽的日子，拄着拐杖，戴着帽子，带本书到公园里坐坐，在微风阳光中，打开书本阅读。

刘鉴铨也经常给同事讲一个他从书上看到的，关于一个冠军船队的故事：

有人应征船队赛手，队长和那人谈了许多，却不问赛手的驾船技巧如何，只是询问生活细节和船上经验。最后，那应征的赛手忍不住问："为什么你不问我的驾船技术？"

队长说："这船得一百人共驾，船如果要开得又快又好，关键在于这一百人是否能合作，这才是重点。"

他把这个故事用在他对新记者的面试上。

《星洲日报》曾举办记者培训班，一般情况下，都是刘鉴铨上第一堂课。

学员们对这个马来西亚新闻界的传奇人物充满好奇，但是，刘鉴铨却从不卖弄玄奥的关子，他用最通俗易懂的语言，把大道理讲得清晰而又透彻。

"记者这工作不会让你富有，也不会让你贫穷，但一定会让你吃得饱。"

他会告诉年轻人，新闻记者的天职，就是为求真理、真相而出生入死，富贵不能淫，贫贱不能移，威武不能屈。

前人打拼，接手的新生代延续着《星洲日报》的精神，这正是报社屡遭劫难，却一次次重新崛起的原因所在。

《星星》周刊庆祝 100 期，刘鉴铨主持切蛋糕仪式

　　慧眼识珠，需要一颗明净的心和风霜洗礼后的阅历，刘鉴铨总是善于当伯乐。

　　1984 年，《星洲日报》在霹雳州成立第一支小记者队，开了华文报业的先河。

　　1985 年，小记者队易名为学生记者队，并从霹雳扩展至吉隆坡、雪兰莪、森美兰、槟城、吉打、玻璃市、马六甲和柔佛。一年下来，七支学生记者队在马来西亚各地举旗誓师。

　　传统上，报纸有两大功能：一是传播信息，并扮演下情上传、上情下述的桥梁角色；二是作为政府的诤臣、人民的喉舌，发挥监督、制衡的作用。在马来西亚的多元种族社会里，民营的华文报纸不仅要发挥上述功能，还要负起维护民族文化、传承文化薪火的任务。

1990 年 6 月 2 日，刘鉴铨出席第四届学生记者队成立典礼，与学生记者谈话

　　刘鉴铨于 1991 年 3 月的"全国学生记者生活营"里揭示："创办《学海》，以及成立学生记者队，正是《星洲日报》为传承薪火而进行的一项努力。我们的宗旨是为新闻事业培养接班人，鼓励中学生对华文写作的兴趣，提高他们的华文写作能力。七年来我们已培育了数千名学生记者，他们之中已有好几位投身华文报界，并且表现良好。"

　　在刘鉴铨的心底，文化的传承是神圣的，那是对悠远历史的尊重。

　　曾任《星洲日报》副总编辑的曾毓林于1985年参加《星洲日报》的学生记者队后，对新闻工作产生兴趣并加入报界。

　　从少年到中年，曾毓林从不讳言他对这份工作的热爱。2011年7月8日，他在《星洲日报》副刊《星云》上发表的《为何我还留在星洲日报》一文中写道："二十年来，见证《星洲日报》如何突破重围浴火重生，也看着《星洲日报》树大招风，引致风风雨雨。朋友问我，《星洲日报》值得你把生命和青春都献给它吗？我说：是的，只要《星洲日报》继续扮演正派报纸的角色，行有余力时还推动文化、教育、社会关怀和慈善工作，而且领导人没有私心。我希望把我有生之年都贡献在这份工作上。"

　　曾毓林强调："因为有一些前辈不计较个人得失，用他们的一生来经营《星洲日报》——一家在马来西亚守护着华人命运的文化机构，但凡是受益于它的人，怎堪令它失守呢？"

　　曾毓林在这篇文章的结尾特别附注："谨以此文，献给我们的老总刘鉴铨。"

　　自始至今一直带领着学生记者队的萧依钊在读了曾毓林的文章后表示："他的真情令我深深感动。"

　　文章发表后，为了到新加坡南洋理工大学修读硕士课程而离开《星洲日报》的专题记者林青青有感而发，寄了一封信给萧依钊，信中写道："读了曾毓林的文章，感慨万千，想起老总（刘鉴铨）的威严和他不经意间流露的疲惫，心里还是百般不舍。最记得老总的早餐会，他总不忘要我们努力写出好的特稿，谈到比较窝心（暖心）的事，他也会开心地笑起来，很怀念他的笑声，我总觉得听老总一席话，胜读十年书。"

　　面对社会的尔虞我诈，面对各种"陷阱"，刘鉴铨喜欢叮嘱同事们：只有正义是最靠得住的，只有真相是最正确的。

　　他说："新闻工作者都有一定的忧患意识。这种忧患意识，可以激发我们在新的环境里、在不同时期，站稳立场，本着良知与正义的信念去奋斗、去开拓新疆界。就是这种力量，鼓舞着《星洲日报》去正面迎战，遂而成为东南亚第一大报。"

　　从1990年加入《星洲日报》当记者，再到副新闻主任、新闻主任、执行总编辑（《星洲日报》现任总编辑是卜亚烈），一步一个脚印为《星洲日报》扛起重担的郭清江，对这股力量有最深刻的体会。

　　从不讳言自己是"读《星洲日报》长大"的郭清江，当年为了这份感情，宁可少拿一点薪水，离开《新明日报》加入《星洲日报》。

　　在郭清江眼中，刘鉴铨是一位"很敢讲话"的总编辑。每次代表报社出席有关当局的会议，刘鉴铨遇到不平的事都会直接提出意见。有一次，郭清江就在

一项官方会议中，看见刘鉴铨因听到一位高官说"华文报是麻烦制造者"而立刻义正词严地做出反驳。

不管面对的是谁，或是什么大课题，从正义出发，从不退缩，是刘鉴铨的一贯作风。

年轻时候的他，除了跑新闻，还积极推动新闻业职工会运动。

为了让新闻从业员团结起来，捍卫大家的福利、深化新闻专业，刘鉴铨在20世纪70年代初联合两位英文报记者何世光及辛甘，重新向当局申请注册，并振兴先前因为冬眠而被吊销注册证的马来西亚全国新闻从业员工会。他担任工会总秘书长达五年。其间，在刘鉴铨的积极争取下，其他几家华文报也相继成立了分会。此外，他也积极筹款，在首都市中心购置了一栋楼房，充作马来西亚全国新闻从业员工会的会所，沿用至今。

与此同时，他也和东盟各国新闻人协力组织了东盟新闻从业员联合会（CAJ）。

刘鉴铨除了积极推动职工会运动、维护同业的福利外，还热心于促进华文报同业的联系和团结，以凝聚同道的力量来提高整体新闻业的专业水平。在出任马来西亚华文报刊编辑人协会会长后，他于1984年创办了新闻奖。其他继任的历届会长不断将新闻奖发扬光大，对后进的华文报新闻工作者起了很大的鼓励作用。

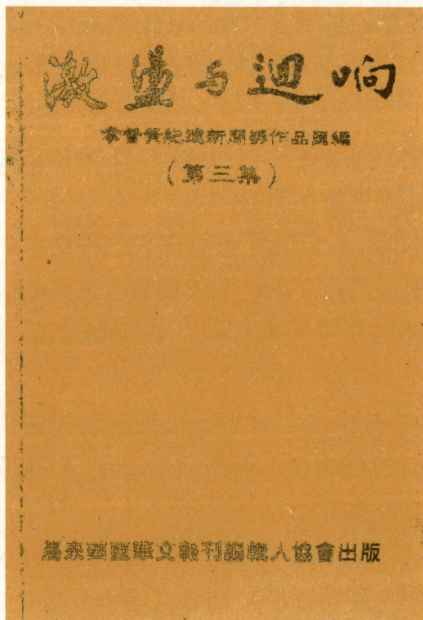

马来西亚华文报刊编辑人协会把历届新闻奖得奖作品汇集成《激荡与回响》系列，刘鉴铨以会长身份写序

　　1985 年 2 月 15 日，马来西亚华文报刊编辑人协会执委们与颁奖嘉宾、新闻奖得奖人和评委们合影，左四为会长刘鉴铨

马来西亚华文报刊编辑人协会全体理事合影

除了跟新闻业有直接关系的马来西亚全国新闻从业员工会和马来西亚华文报刊编辑人协会之外，刘鉴铨从未加入其他社团或政党。他常对同事说："新闻工作者应努力做到不党不私，一旦报纸与这些社团发生摩擦，报社职员与党员或会员之间该如何选择？理论上很容易答复。"他认为，既然选择新闻工作，就要放弃一些私人的东西。一些看中他的职位有意拉拢的人因而揶揄他不识抬举，孤芳独赏。刘鉴铨对政治人物的观点是可以结交从政的朋友，但不要政治朋党。两者泾渭分明。

1983 年 4 月，在日本首相巡访东南亚国家前夕，时任《星洲日报》总编辑的刘鉴铨和几位来自东南亚各国的新闻人，应日本政府邀请访问东京。

此行让他视野大开。

当时，马来西亚首相马哈蒂尔提出"向东学习"政策。所谓"向东学习"，就是向日本学习。

1983 年 4 月 7 日，刘鉴铨在东京访问了时任首相的中曾根康弘及时任国防部部长的谷川。

中曾根康弘保证，日本将尽一切能力，使马来西亚的"向东学习"政策成功实行。

回马来西亚后，刘鉴铨在《星洲日报》发表文章《樱花树下看日本》。文中提到：

日本人民喜爱樱花是带有一份怜悯的情怀，因为它的容易凋谢而感到生命的短促，于是，把握现在，努力将来，在各领域中创造了奇迹。马来西亚"向东学习"，应该吸取樱花对人生的启示。

当时刘鉴铨也察觉到日本于 1983 年春天开始"向南看"，向马来西亚看。

对于新加坡，刘鉴铨也有自己的观察。1990 年，他应邀访问新加坡，并与政府领导人见面。回来后，他写了分析文章。文章里提及他曾于二十多年前和两位记者在新加坡旧机场采访新闻，巧遇李光耀，忙围着他提出问题。词锋犀利的李光耀在回答之后，竟然要他们根据记录逐句重念给他听。刘鉴铨顿时有受辱的感觉，回了一句："总理先生，我们是记者，不是速记员！"

不卑不亢，这就是刘鉴铨的职业操守。

刘鉴铨是一位感性与理性兼具的记者，他把身边的同事都视为"战友"。

1992 年 9 月 3 日，刘鉴铨在《星洲日报》副刊写了一篇追悼在车祸中丧生的摄影部主任叶子永先生的文章《忆叶子永同事》：

1990 年，刘鉴铨访问新加坡华文报集团，受到时任集团总经理的周景锐
（中）及《联合早报》总编辑林任君的接待

他是我为数不多可以谈心的朋友。噩耗传来，我深感悲恸。

"Orang tua（老人家），去喝茶吧！"刘鉴铨记得那些年忙里偷闲邀叶子永到
食堂喝茶的景况。他喜以"orang tua"昵称同龄好友。如果走得开，他就会放下
手边的工作，默默陪我去食堂。他要一杯黑茶，我要一杯奶茶。他是一个很好的
听众。有时我高谈阔论，他习惯静静地倾听，偶然插进一言半句，或者露出一丝
笑意。有时各怀心事，彼此默默相对呷茶，好像在例行公事，喝完各走各路。他
从南门回采访部，我走北门进编辑部。

貌似轻松的描述，情感的张力却让人有些悲怆。

刘鉴铨是念旧的。

财务部总经理韩佑纺女士去世时，他也写了一篇悼念文章：

与您同事三十三年，我们可称得上风雨同路、患难与共。在《星洲日报》
经济困难时期，您常遭受银行和供应商职员的冷言讽语；坐困愁城的日子，我们
互相勉励，靠着同事们坚定不移的信念和支持，我们才有勇气和力量熬过风雨如
晦的岁月。

您温文尔雅的风度常为同事们称道。在大大小小的各种会议中，即使您有异
议，您也会细声细气、从容不迫地表达意见。您对那几位离开《星洲日报》后
倒戈相向、极力破坏《星洲日报》的前同事的言行非常痛心，纵使如此，您也

91

从来不用重语。您只会重复地说：报社并没有对不起他们，他们怎会变得这样？

都说情谊无价，刘鉴铨在情与义的世界里，把真实的人格写在了他与《星洲日报》患难与共的每一天。

老同事们也都非常珍惜他的这一份情谊。

《星洲日报》在东马的第一批记者之一、现担任《星洲日报》东马区主编的叶日强，乍闻他近年为长期案牍劳形的后遗症所苦，即给他捎来一封真情流露的电邮：

坦白说，在星洲这么久，尤其又是一个地区的负责人，身体里面流的已完全是星洲的血。义无反顾，义不容辞，已经是一种信念。（中国原总理）朱镕基说"鞠躬尽瘁，死而后已"，我相信他真的是这样，这种精神我也在你的身上深深地感受到。

过去这么多年，我不常，几乎不曾问候你，因为我不想被人误认为要讨好上层，而且也怕打扰到你。每次由同事那里听到说你的身体不好，我心里就很不舒服，祈望你平平安安地一直带领我们。

21年前，当我手写了一封长长的信传真给你说我想离队时，你没有半点责怪我，你那时在电话中跟我说的话，我一想起眼眶就红了。幸好，后来我又回来了，也谢谢你还接纳我……

你要保重身体，星洲还有很多同事流着由你身上感染到的热血，一定会坚强地走下去的。谢谢您。

叶日强的心声，其实是很多老星洲人对刘鉴铨敬重与关爱的反映，让人感动。

就算面对攻讦，刘鉴铨仍坚持以正面的信念面对。其实，不止一次，刘鉴铨也间接听到一些年轻同事的说辞："进报社前，听过一些关于老总的坏话。加入《星洲日报》后，才发觉传言不实，很多是空穴来风。"

有时候，刘鉴铨会拉一两位年轻同事到食堂喝茶。"会不会后悔进入《星洲日报》？和我共事，会不会觉得羞耻？"

"我们自己会判断谁是好人、谁是坏人。我从没打算离开。"几乎每位年轻人都这样回答。

"我常戏说，如果老鼠半夜大闹厨房，我是敢摸黑去开门的，因为屋里（心里）无鬼啊！"谈笑间，刘鉴铨的真性情流露无遗。

刘鉴铨一直是许多人心中的智者。不过，他私下常咀嚼的，却是私塾老师的

慧语："做人啊，要随大伙儿干，要顺心做事。"

心者，非由着性子来，实则良心也。刘鉴铨长大之后，悟得很透彻。

"前世不知，来世不明，今世糊涂。"刘鉴铨常常隔着时空，向郑板桥这位"好老师"致意。

"难得糊涂"，刘鉴铨把这四个字刻在心里。

还有属于他的四个字，他自己从来不是很在意，但别人刻在了心里，那就是属于他的"鞠躬尽瘁"。

《星洲日报》于1991年创办的"花踪文学奖"，已成为华文世界重要的文学奖项。

1991年4月13日，时任总编辑的刘鉴铨主持"首届花踪国际文艺营文学讲座"开幕礼

刘鉴铨主持"花踪文学奖"评审会议

刘鉴铨与旅美媒体人陆铿

刘鉴铨设宴款待香港评论作家李怡及马来西亚作家。前排右起为戴小华、唐彭、李怡、刘鉴铨、云里风、唐林、陈清德；后排右起为林艾霖、记者、萧依钊、姚拓

刘鉴铨和台湾《"中国"时报》前任社长高信疆同游金马仑

刘鉴铨会见中国学者金观涛

刘鉴铨接待旅美作家於梨华

1991 年 4 月 14 日，马来西亚国家文学奖得主 Samad Said
出席了首届"花踪文学奖"颁奖礼，受到刘鉴铨的欢迎

刘鉴铨会见武侠小说作家兼《明报》创
办人金庸，右起为金庸、刘鉴铨、曾毓林、
萧依钊

刘鉴铨（右一）邀请吉隆坡两位法官刘
国民（左一）和余振成（右二）一齐接待台
湾法学学者、东吴大学原校长章（蒋）孝慈

刘鉴铨（左二）和萧依钊（左一）欢迎
旅美作家张错（右一）和新加坡媒体人严孟达

台湾作家张曼娟（左二）在台北接待刘
鉴铨（左三）、萧依钊（左一）及曾毓林

二十年来，"花踪文学奖"培养了一批又一批华文作家，同时，也通过这项文学奖与散居世界各地的华文作家联结，共同为华文努力。

"花踪文学奖"像盛开的花朵，绽放在全球华人的心里。

多年后，"花踪文学奖"工委会主席萧依钊公开了"花踪文学奖"的幕后推手。"很多人以为我是'花踪文学奖'的推手，其实，真正的功臣不是我，是张社长和刘老总。张社长对'花踪'的支持是有目共睹的，但只有张社长的支持是不够推力的，同时需要直接主管的配合，因为张社长不管日常的行政和开销。当年的总经理认为，办文学奖对业务的扩展没有帮助。办'花踪文学奖'的开销如果不是由刘鉴铨签准和支持，根本无法筹备。"

当花开满园的时候，身为"幕后园丁"的刘鉴铨，已两鬓染霜，汗水湿润了马来西亚的土地。

2006年4月6日，刘鉴铨在报社门口亲迎时任马来西亚新闻部部长的再努丁

2006年4月6日，时任马来西亚新闻部部长的再努丁率领官员访问星洲日报社，由时任星洲媒体集团董事经理、编务总监的刘鉴铨亲自接待。

20世纪60年代，刘鉴铨是《星洲日报》记者，再努丁是《马来西亚前锋报》记者。他们共同经历大时代，也曾经在马来西亚全国新闻从业员工会分别担任主席和总秘书。

两人再相逢，副新闻主任侯雅伦做了一个现场侧写报道——

刘鉴铨向昔日老朋友再努丁说："身为新闻部部长，你代表政府向人民解释政府的政策；而我们也一样，向读者传达各方面正确的信息。"

再努丁表示："当新闻从业员时，我可以针对任何课题发表评论，但当了新闻部部长，就只能管好自己部门的事务，而其他部门管辖的事务，由不得我去评论。"

1991 年 6 月，前任首相马哈蒂尔访问南美洲三国，马来西亚各报总编辑受邀随团采访。左起为时任《马来西亚前锋报》总编辑的再努丁、英文《星报》总编辑陈伟权及《星洲日报》总编辑刘鉴铨

再努丁也强调："100％ 的新闻自由是绝对不存在的，每一家媒体都必须懂得自律。"

1998 年，刘鉴铨 59 岁，这一年他完成了最后一次的采访工作。

为这个采访，他准备了整整十年。他锁定的目标就是影响马来西亚政治半个世纪的马来亚共产党总书记陈平。

在 1998 年之前，陈平只在公开场合露过两次面。

第一次是 1955 年的华玲和谈。当时刘鉴铨尚年幼，直到投身报界后，才从前辈的追述中去想象陈平的风采。

第二次是 1989 年的马来西亚、泰国两国和马共三方和平协议签署仪式。当时，刘鉴铨率领了一支采访队伍到泰国南部的合艾采访。

不过，当年陈平露面时，云集合艾的百多位各国记者中，却没有一位能争取到专访陈平的机会。除了镁光灯下那张平和的笑脸，记者们对这位老共产党员的内心世界及过去的经历所知极少。

刘鉴铨心想，陈平的笑脸背后一定有着精彩的故事，必定还有无法言说的酸甜苦辣。那些故事不该沉到历史的汪洋中去，毕竟他是关键人物，联结着无数指令。

记者会结束后，大家发完稿都散去了，只有刘鉴铨留在房间一直苦思：有没有其他可以专访陈平的可能性？陈平的笑脸到底想说什么？

他试着联络了一些人，试着做一些安排，但是仍然没有办法独家采访到陈平。

以后的十年里，刘鉴铨没有放弃。刘鉴铨和他的同仁继续利用各种渠道，向陈平传递采访的信息，尽管这个采访可能会遭到当局扼杀。

1998年3月中旬，他们终于得到陈平的回应：配合合艾和平协议签署十周年纪念，他愿意接受《星洲日报》专访。

为了保密，双方约定在曼谷一家酒店见面。

于是，刘鉴铨再率领《星洲日报》采访队伍，包括萧依钊、许春、林友顺、黄永安、林宝玲以及时任《亚洲周刊》副总编辑的丘启枫，秘赴曼谷。

刘鉴铨率领采访队伍专访陈平，右起为许春、刘鉴铨、陈平、萧依钊、林友顺和黄永安

当时，《星洲日报》和英国BBC是全世界首两家专访陈平的媒体。

刘鉴铨一行人一路上小心翼翼，他知道，即使这项行动很秘密，但是很可能会有第三方知道。

一到当地酒店，即传来信息：专访已预先安排在酒店会议室里进行。

专访陈平是一项非常敏感的任务，刘鉴铨彻夜未眠，心思缜密的他担心酒店会议室可能会被有心人偷偷安装窃听器。他设想着各种可能性以及应变方式。

第一天，刘鉴铨即发觉疑似泰国情报人员在会议室外监听。

第二天，刘鉴铨坚持改地点，把与陈平的专访改在酒店客房。

专访到一半时，面向着玻璃窗的萧依钊突然发现对面楼有人躲在窗帘后拍照，刘鉴铨马上把房间的窗帘拉下来。

第三天，这项超过15小时的陈平专访终于完成。

回马来西亚前，刘鉴铨在早餐桌上安排同事分批携带这次专访的录音带入境。

有同事不以为然。"刘总过度小心了，我们静悄悄去曼谷，马来西亚的情报单位怎么会知道？"

飞机降落在吉隆坡机场后，大家分批顺利入境。

然而，一出机场，刘鉴铨就接到了一个令人沮丧的消息——马来西亚政治部警官传口头警告：对陈平的专访，只字不能写。

原来，专访陈平的那三天，他们全程受到马来西亚、泰国两国警队情报人员的监视。

刘鉴铨的性格自然是绝不轻言放弃的，"先把采访陈平的录音整理出来再说"。刘鉴铨带领团队整理录音并收集相关资料，写成"专访陈平系列"。

刘鉴铨相信有智慧有判断力的人不会建议内政部禁止这个纯粹叙说历史故事、不攻击任何一方，也不宣传任何主义或政治思想的"专访陈平系列"。但是，他要找到适当的、明理的官员。

当时的内政部副部长黄家定是内政部高官中最懂华文的人，于是刘鉴铨派员把文稿送到他的办公室。黄家定确认"专访陈平系列"不仅不会危害国家安全，还包含大量珍贵的史料。黄家定亦答应向当时的国家总警长丹斯里拉欣诺转达《星洲日报》的上诉信，并随"专访陈平系列"文稿附上他个人的推荐信。

两星期后，内政部和警察总部准许《星洲日报》刊载"专访陈平系列"，政治部审稿官员没有删改任何一个字。

1998年6月19日到28日，《星洲日报》刊载了"专访陈平系列"。

"专访陈平系列"刊出后，引起社会热烈反响，《星洲日报》一时洛阳纸贵。

刘鉴铨写道："岁月催人老。34年前在华玲出现的陈平，风华正茂，雄姿英发；34年后在合艾亮相的陈平，圆脸秃头，两须灰白，当年那份俊逸没有了，却多了一份老练。在签约仪式的过程中，尽管他始终挂着微笑，以致被一些记者形容为'招牌笑'，但我却捕捉到他眼里那一抹不易被察觉的苍凉。"

刘鉴铨进一步写道："陈平14岁开始就参加马共活动，至今已67岁了。回首50年坎坷岁月，……面对着泰（国）境（内）的逶迤群山、苍郁森林，遥望南方的归路，陈平当有辛弃疾在郁孤台的抑郁情怀——西北望长安，可怜无数山。青山遮不住，毕竟东流去。江晚正愁予，山深闻鹧鸪。"

许多读者，包括一些历史和政治学者，皆要求《星洲日报》报道马来西亚警方的说话和记载，以呈现比较全面和完整的史实。

一个多月后，刘鉴铨又带队专访了亲自领导合艾谈判过程的马来西亚总警长丹斯里拉欣诺。后来，"专访拉欣诺系列"于1998年8月14日至23日在《星洲

刘鉴铨带队专访当时的马来西亚总警长

日报》连载，同样得到了各方的关注。

之后，应读者的强烈要求，刘鉴铨和同事把"专访陈平系列"及"专访拉欣诺系列"，并补充其他相关资讯汇编成书，取名"青山不老"。

《青山不老》成为畅销书，一版告罄，不得不再版。许多人想从这本书里寻找马来西亚历史上那一段讳莫如深而又略显神秘的历史真相。

刘鉴铨在序中指出：《青山不老》的特点在于一群新闻工作者从中立的角度，尽量客观地呈现……历史的点滴和片段。但它不是严谨的学术著作，不可能呈现完整……只能期望它填补部分的"历史的空白"。

"我当时已决定，这是我最后一次的采访工作，我选择不同教育背景、年龄、个性的同事一同采访，主要就是希望可以看见不同层面及角度的提问，务求中立、客观。"

"我说过，历史事件的影响不在一时，也不只局限在一代。如果当时我们的境遇与选择不是如此，我们的后代今天身处的境况也不一样了。"

"其实，最关键的还在于历史是怎样经由思想的暗流使我们在平庸的日子里变得更加明智。"这是刘鉴铨为《青山不老》这本书抑或那次采访，所下的最独到的注解。

令刘鉴铨最难忘的是，当年他问陈平："为什么选择《星洲日报》？"

陈平回答："《星洲日报》比较公正、负责，有公信力。"

陈平的这个回答，算是对刘鉴铨最后一次采访的小结。

"青山遮不住，毕竟东流去"，这就是浩浩荡荡的历史。而刘鉴铨选择的"青山不老"，则充满了太多隽永深长的意味。

不只是历史，还有事业、理想，乃至人性。

第七章

博弈游走地雷阵

从第一天投身报界当记者，至采访主任、总编辑、集团编务总监、集团董事总经理、执行顾问，刘鉴铨在新闻界虽然常需因应职位的改变，而面对不同的挑战，但是有一种抗争，却是从踏入报界第一天即已开始，至今仍方兴未艾。

那就是在被管制底下，为了新闻自由，力争更多言论空间而展开的抗争。

很多时候，同事们会看到刘鉴铨在伏案沉思。

他的眉头时而紧蹙，时而舒展；他时而打开厚厚的法律典籍急促地翻查；他时而展露稍纵即逝的微笑；更多的时候，他脸色凝重。

"丛林法则"的严酷，让刘鉴铨感到了背后永不停息的惨烈朔风，不止一次，在热带跋涉的他，觉得很冷、很冷。

刘鉴铨深深了解到，当他带领着一群"星洲人"沿着"立足诚信，情义相随"的方向前行时，各种各样的打击、迫害、诬蔑、诽谤，甚至生与死的考验都会接踵而来。

每每此时，除了挺身而出，他别无选择。事实上，刘鉴铨也从没想过别的选择——在这种时候，他总会记起弘一法师出家之前、还叫作李叔同的时候所说的话：人生来是要搏的，做事到关键时刻必须坚持下去——他只希望，当第一颗邪恶的子弹射来，他的躯体能够成为同事们身前的那堵墙，哪怕这堵墙千疮百孔、泛着殷红。

刘鉴铨会时常反思自己做得是不是够好，他会经常提醒自己：一个不敢担当的老总，又怎么要求你的记者、编辑去为正义赴汤蹈火呢？他不只承担责任，还尽一切所能保护敢于打擦边球的记者。

20世纪80年代初，吉隆坡出现了一个伊斯兰基本教义派组织。组织中的男性穿阿拉伯式的长袍，戴白帽，蓄须；女性穿黑色长袍，布巾包头，只露出两眼。

某天，一位记者晚上骑着摩托车经过大学路时，第一次看到几个全身着黑色衣服，用黑头巾包头、包脸的妇女越过马路，惊恐万分，以为是"第三类接触"。萧依钊就循着线索追查，发现她们属于当地一个激进的伊斯兰组织——奥尔根。她还发现，这个组织的追随者拒绝现代西方科技，把电视机等科技产品丢进河里。于是，她把查访写成一篇深度报道。

报道刊出后第二天，首相署宗教事务官员认为，这篇报道触及宗教的敏感地带，直接来到报社，声明要见撰写有关报道的记者，时任采访主任的刘鉴铨接待了这两位官员，拒绝了他们要见记者的要求。他正义凛然地对那两位官员说："我决不会告诉你们写这报道的人是谁。有什么事情我担当。"

许多《星洲日报》的记者和萧依钊一样，因为有刘鉴铨的正义支持，更能勇敢地去碰触禁区。

20世纪80年代初，时任《星洲日报》总编辑的刘鉴铨接受 *Asia Week* 专访时摄，那时他没有秘书，一切文书都要靠自己打字或手写

刘鉴铨不止在报纸内容上，也在维护同事方面与当权者周旋、博弈。

他在尊孔中学求学时的一位陈姓同学，因为参与政治活动而在内安法令下被拘留了8年。重返社会的怀抱，当权者却基于他的背景而不允许他加入报社。刘鉴铨去找内政部有关官员交涉，日后这位老同学加入《星洲日报》校对组，刘鉴铨告诉官员，校对是一个与读者没有互动机会的工作，当权者自然也失去了反对的理由。

20世纪60年代是理想主义盛行的时代，多少热血年轻人怀抱激情，走在时代改革的艰路上！

刘鉴铨，亦然。他所支持的，是马来西亚政府习称的"社会改革运动"。

20世纪60年代初，马来西亚和新加坡分成两个国家之前，20多岁的他曾经支持李光耀领导的、总部设在新加坡的人民行动党的斗争，希望推动社会改革。

从报社下了班，刘鉴铨立马赶到人民行动党的会所去，义务协助翻译时任人民行动党主席蒂瓦那及其他党领袖的英文文章，供人民行动党党报《火箭报》刊用。当时的《火箭报》主编，是林吉祥。偶尔工作至深夜，刘鉴铨就索性留宿会所，和林吉祥同榻而眠。两个充满理想的青年，编织着共同的梦。

1965年，新加坡退出马来西亚联邦。在马来西亚的人民行动党党员，另组民主行动党，由林吉祥领导；而刘鉴铨由于在报社的任务愈加繁重，也被迫停止了翻译工作。

然而刘鉴铨并没有放弃他的理想，他将之注入新闻工作中，以媒体的力量来推广正确的理念，与当权者周旋博弈，把读者的知情权视为首要任务，最后成功打造了负责任的、有良知的报章，赢得了读者的信心。

风雨如晦，刘鉴铨经历过；刀光剑影，他经受过。

那些坎坷的阅历告诉刘鉴铨，马来西亚媒体人头上的"五把刀"，会随时砍下来，因此要学会生存，学会在刀锋上游走。

在2012年以前的数十年里，在刘鉴铨的新闻生涯中，"马来西亚媒体头上有五把刀"，指的是马来西亚约束媒体自由的五项法律条例，即：

●出版及印刷法令：政府不轻易发出新的出版准证；报纸的出版准证每年需申请更新；国内安全部部长可在无须给予理由的情况下撤销准证。例如，《星洲日报》在1987年被吊销出版准证半年……

●内部安全法令：无须法庭审讯下扣留两年，再延期两年，延期次数没有限制……

●煽动法令：不能评论皇室、马来人特权；不能挑起种族情绪；不能打击股市信心……

●官方机密法令：任何一份文件，只要盖上 OSA 的官印，就属官方机密。只要证明你的报道的一段文字是取自官方机密文件，罪名成立即判强制性两年监禁……

●诽谤法令：这项法律源自英国。在西方，只要媒体是不含恶意以及为了公众利益而报道，就不构成罪名；但马来西亚法庭纯粹根据法律条文判决……

刘鉴铨把他的思悟告诉大家：

新闻自由其实就像吹气球，你吹得太大，气球就会破。全世界任何国家的新闻自由都有一定的限制，吹破气球意味着触犯法律，可能遇到麻烦甚至遭受灾难，但你不用力去吹，气球越来越小，你就越来越远离真相、远离正义，读者就会离你而去。

他用圆周和圆心的形象作比喻，告诉那些新人该怎么在刀锋上游走：

法律的约束范围，犹如一个圆周。如果你是一个听话或者胆小怕事的新闻人，你就会一直停留在圆心，因为那里很安全；如果你常常抱怨政府限制新闻自由，但停留在圆心不去行动，也难有作为。其实在圆心和圆周之间仍有很大的空间，一个好的新闻人，应该尽量去接近圆周。那么你在踩中地雷或者触犯法律之前，还有很多发挥空间。

然而，圆周与圆心之间，本就是个模糊地带，更何况，圆周的最终裁定权在

于政府。

20 世纪 90 年代中，《星洲日报》财经版有一则题为"虎父无犬子"的特写，报道首相马哈蒂尔的儿子以及一些领导人的子弟在商界驰骋的事实。心怀叵测者蓄意将这个标题错译作"Father is Tiger, Son is Dog"。

由于穆斯林对狗本来就有忌讳，这篇偏离原意的译文令马哈蒂尔大发雷霆，一时风声鹤唳。

仅仅因为这样一个"不怀好意"的标题，就会让报纸踩到地雷？

看似一则黑色的笑话，却偏偏是马来西亚荒谬的现实，足以反映在《星洲日报》探求真理的道路上，有多少湍流又有多少暗礁。

1999 年 1 月 5 日，《星洲日报》刊登了《亚洲华尔街日报》一篇报道马哈蒂尔首相的长子米占在商界大展拳脚的文章，结果米占入禀高等法庭，起诉《星洲日报》和《光明日报》诽谤。

米占提出三项诉讼，一共索偿五亿五千万令吉，作为其名誉及商业地位的损失。

刘鉴铨被列为第三项诉讼案的答辩人，同时是头两项诉讼案的辩方代表。大家苦中作乐，取笑刘鉴铨说："原来你的身价值五亿令吉！"当年《星洲日报》的市价还不到五千万令吉。

当时报纸出版准证须每年申请，是报社很头疼的事，为免再招惹横祸，报社选择与米占"庭外和解"，按协议赔偿"名誉损失"。

每一场大大小小的诉讼，时刻在提醒着刘鉴铨，那"五把刀"明晃晃地就在眼前，闪着寒光。

新闻人为了实现理想去发掘真相，这种"刀下"生活，只能且必须勇敢面对。

《星洲广场》主编黄俊麟重新翻阅存档的剪报资料，回忆十一年前一个令他终生难忘的过错。

《星洲广场》于 1999 年 11 月 28 日刊出一则道歉启事：

"1999 年 11 月 14 日《星洲广场》封面刊登的插图，曾被编辑将阿都拉巴达威的图像移植在原来安华的身上，用意是配合文章的主题反映当下的现实情况，误导读者之处，谨表歉意。"

黄俊麟于 1997 年进入《星洲日报》担任编辑。1999 年，27 岁的他刚接手主编《星洲广场》。当时，《星洲日报》资料尚未数码化，他在半夜编版时，因资料室同事已下班，为了配合封面有关马来西亚反对党领袖的主文，他只能运用手上仅有照片加工。为了表现安华遭巫统开除，反对势力得到集结，他将一张资料照片做了美工处理，将安华人像的头移出来，表达他的离开。

《星洲日报》关于米占与《星洲日报》《光明日报》的法律纠纷的报道

《星洲日报》登载其向米占道歉及赔偿名誉损失的文章

这样处理照片，犯了新闻学上求真的错误。

刊出之后，《星洲日报》被攻击，有人指控这样做是篡改历史，并指责这背后有阴谋，要求报社撤换编辑以及道歉。

刘鉴铨把黄俊麟找到办公室，询问详情，黄俊麟据实以告。

刘鉴铨说："那么，这是作业过程的疏失，并不是要篡改历史。这件事接下来你都不要回应，我接手。"

后来，《星洲广场》刊登了道歉启事，但外界继续攻击……

但黄俊麟没有被撤职，他仍继续在《星洲日报》工作。

他知道自己犯了错误。但是，刘鉴铨不但信任他，而且帮他扛起一切。

曾任《星洲日报》总编辑多年的许春，遇事一定会征询时任集团编务总监的刘鉴铨的意见，以免自己犯错为报社惹来麻烦。

不过，错误仍然无法避免。有好几次，许春在报纸出版后，察觉到某则报道可能会出问题，即打电话向刘鉴铨咨询，刘鉴铨的回答总是："已经登出来，也不能做什么了。先回去睡觉，不要想太多，明天再看看有什么补救办法……"

刘鉴铨劝许春回去睡觉，但是他自己反而开始了伏案苦思。夜里失眠的总是刘鉴铨，他为问题寻思该怎么应对才稳妥。

卜亚烈接任总编辑之后，对于敏感新闻，也常打电话请教刘鉴铨。"刘老总经验丰富，他总是知道如何处理，一方面报道真相，另一方面巧妙指导同仁们躲避头上的那'五把刀'。"

刘鉴铨在新闻座谈会上主讲

其实，"五把刀"的阴影一直威胁着《星洲日报》。这些年来，包括刘鉴铨和各个相关主管，常被政府部门约谈。

萧依钊还记得当年刚进新闻界时，看见不平事就会忍不住写评论直接表达观点，结果十篇稿子至少有五篇被"投篮"（指不允许刊载）。刘鉴铨告诉她："你要达到这个目标，但你明明知道前面是地雷，为什么你要直闯过去，为什么不选择多绕几个圈呢？一样可以到达目的地。也就是说，你一样可以批评，但可以选择其他更好的方式。"

他很能理解同事对贪污腐败或渎职的政客和官员疾恶如仇的心态，所以常苦口婆心地提醒大家："监察当权者是新闻人的职责，我们可以批评，但批评的口气或笔调应该采针对性而不失规劝的风度为上。批评文章带有仇视态度就会失去中立的社会人士的同情。"

刘鉴铨的时间观念非常强，总是准时开会。

起初，有一些人迟到，刘鉴铨没有出声，但以严厉的目光注视迟到者。

有一次，刘鉴铨主持会议，开会时间到了，一位主管仍未到。刘鉴铨把会议室的门锁起来，那位迟到的主管尴尬地站在门外。

刘鉴铨告诉与会的主管，出席会议者都是公司重要的负责人，这么多人等一两个人，浪费大家的时间、耗损公司的效率。

从此，凡是刘鉴铨主持的会议，没有人敢迟到。

刘鉴铨担任总编辑时，如果没有外出，都会亲自主持每天的社论委员会议，与社论主笔们交换意见。

刘鉴铨告诉主笔群，社论表达报纸的立场，但在马来西亚的特殊环境里，社论却是最危险、最易招来祸端的。

"该批评就批评，但是要有所依据，不要谩骂。"

"我们是华文报，除了扮演媒体传播资讯的角色之外，还要负起发扬中华文化的责任。"

"马来西亚有 1 200 多所华文小学，华文与华文报是唇齿相依的关系。"

"以读者民生福利为前提，坚持正义至上，不畏权势，为民喉舌。"

这些话，刘鉴铨总是再三叮咛。

因此，主笔群每天战战兢兢地推出社论和各个时评专栏，但几乎每个月都会有一两次要惊动刘鉴铨来召开会议，帮忙化解评论惹来的麻烦。

大家都觉得，只要是维护正义的事，如果惹出麻烦，刘鉴铨会顶着，因为他熟知国家的法律，他知道该如何在马来西亚的言论环境中求生存。

过去多年，每年的 5 月 3 日是"世界新闻自由日"，星洲日报社都会在这一天办活动，邀时评作者交流，或者邀人写评论谈新闻自由。

有一年，相关部门的同仁忽略了，活动没办成。《星洲日报》的社论也没有提及这个值得纪念的日子。刘鉴铨对此产生了忧患意识，他说了一句话："我们竟然漠视属于自己的日子，我们究竟怎么了？"

同仁听了为之汗颜。

刘鉴铨知道报纸是公器，他不会把私人情绪放在新闻编采上，也不希望其他记者编辑这么做。

曾经有从政者，因《星洲日报》刊登不利他们的新闻报道，闹上门来，与刘鉴铨争吵，结果被他赶出去。不过，这些人的新闻照样刊登在《星洲日报》上。其中一位反对党国会议员与刘鉴铨"不打不相识"，后来两人成为好朋友。

人格铸就报格，刘鉴铨与《星洲日报》相得益彰。

于2012年3月接任星洲媒体集团董事经理的黄泽荣，在1988年踏入星洲日报社前，对刘鉴铨所知极少。但是，他早在1981年阅读过时任首相马哈蒂尔的著作《马来人之困境》中文版。

此书的中文版译者是刘鉴铨。

"国家首相珍视的著作能放心地交给一位中文报的老总负责翻译，可见这位刘先生非常不简单。"与刘鉴铨素不相识的他，在文字里先认识了他。

黄泽荣是《星洲日报》在东马请的第一位记者，进报社初期，忙着工作，和刘鉴铨互动极少。当时，《星洲日报》刚复刊，百废待兴，刘鉴铨汲取前期的经验，就某些乱源对症下药，除弊革新，疲于奔命，致力于报社的重建及再出发。

过了一段时期，黄泽荣受命到八打灵再也总社"认识报社"一个月，以了解报社的运作和流程。在报社的日常运作上，黄泽荣感受到刘鉴铨的实力。"总编辑刘鉴铨是报社的最高领导，他所带领的编采部结构扎实，运作务实，让我印象深刻。"

在总社受训的那一个月，让曾在东马其他报社任职多年、一直追求新闻理想的黄泽荣深有所感。他觉得自己首次真正投身一间负有使命、具有理念、强调新闻专业及团队精神至上的报社。

从"译者刘鉴铨"到"总编辑刘鉴铨"，黄泽荣对刘鉴铨有了进一步的了解。他知道，刘鉴铨所带领的星洲日报社，是一家新闻理念坚定的报社。

"刘鉴铨在每一次的工作会议上，都以感性的方式激发同事奋发图强，以情义感召报社所有的工作人员迎接新的开始。"黄泽荣发现刘鉴铨是以情义的方式领航。

黄泽荣说："他一直在内部塑造人和的环境，避免内部倾轧。他一心一意为报社所建立的未来领导梯队必须是可信赖的，能事事以报社的利益为前提，能顾

全大局，能带动报社持续奋进，能公私分明，不贪而无信、投机取巧的。换句话说，他用人非常讲究，尤其注重人格品性及对报社的忠诚和投入。"

从 80 年代全面执掌编务开始，刘鉴铨的职责范围后来虽因日益扩大而减少了涉足编采部门的日常运作，但是每当马来西亚国内发生大事件，特别是涉及敏感课题时，不管是在假日抑或工作日，不管是在清晨或者黑夜，只要事态严峻，身兼集团编务总监的他都会在第一时间召开编采部高层紧急会议。在会上，他会先细心聆听大家的汇报，抽丝剥茧地询问新闻现场的种种细节，掌握情况后，再以他的新闻经验结合法学知识，作出分析与评估，决定报社对相关新闻该如何切入及处理。

他是报道的定调者，数十年来，一直都是。

所有来自内政部管制媒体的书报组所给予的警告（电话或书信）、其他单位所发出的律师信等，刘鉴铨都会亲自处理。

2001 年 3 月 8 日，吉隆坡市旧巴生路爆发了甘榜美丹（Kampung Medan）械斗事件。那是马来人与印度人之间的纷争，是"五一三事件"以后最大的种族冲突事件。

事件爆发后，巴生河流域一带危机进一步扩大，有人外出时被袭击。虽是零星事件，但种族课题极为敏感，且很可能一发不可收拾，因此需要极其睿智地处理。

当时，内政部对媒体下达了封口令，所有数字和情况都只能依据警方所公布的来做报道，也不准另行挖掘新闻，否则将会被援引煽动法令对付。

由于案发地点已处于戒严状态，所以记者们无法进入该区采访，但刘鉴铨并没有因此让同事们消极地在办公室里接收信息。他坚持要采访主管派出记者留守首都各大医院及警察局，以获取第一手消息；与此同时，也要有记者留守在甘榜美丹外围，观察事态发展。对刘鉴铨而言，信息、新闻即使不能刊载，他也要掌握真相。作为新闻人，必须克尽己责，不能因为限制就裹足不前。

由于当局不准报道除警方提供以外的数据和情况，他唯有让同事们掌握了第一手消息后，以评论的方式透露实况。

在马来西亚华社，一般华人领袖向来会参考报纸上的报道或评论来作出反应，包括表态或发声明。内政部的命令，无形中限制了华社领袖的判断依据。但他们深知，记者们一定知道更多真相，也会很有默契地以《星洲日报》的评论立场为依据，来定调他们的表态。

在甘榜美丹实施戒严期间，仍偶有冲突事件发生，这让一些马来领袖认为，要彻底解决这起马来人与印度人的冲突事件，应把印度人迁出有关社区。

刘鉴铨认为，这是一项危险的先例。他预见，如有野心家因商业目的看中某

地段，或许会借故制造种族纷争以遂私利。为了护卫华人的权益，避免他日被欺压，《星洲日报》的评论对这一点由始至终都坚决持反对立场。

之后有网络写手刻意歪曲事实，诬蔑《星洲日报》跟某家马来报一样，玩弄种族课题。但事实上，该马来报是主动挑起种族议题，而《星洲日报》只是客观报道。只有当议题可能侵犯到华人社群时，《星洲日报》才会采取强烈的立场捍卫本民族权益。两者的属性和出发点，迥然有异。

就当时的政治气氛，《星洲日报》在此事上竟敢持反对立场，已显得非常不容易了。

曾因财困而停刊，后于1991年经张晓卿收购使之复刊，且并入星洲媒体集团的《光明日报》，在2006年2月14日，因刊载了海外媒体讽刺伊斯兰先知的漫画，而面临极大麻烦。

该漫画因触犯到伊斯兰世界的敏感神经，成为国际瞩目的新闻及政治事件。伊斯兰国家掀起了激烈的抗议潮。

英文报《新海峡时报》与中文报《光明日报》皆刊载了这张漫画。

但是，在当天《光明日报》夜报一出版后，集团总编辑萧依钊即敏感地觉察到，这幅漫画越过了红线，马上指示停机，并把已发出市面的夜报全部回收。

可是，《光明日报》最终难逃一劫。"敌对者"从报贩回收的报纸中取得"证据"，将其状告有关当局。

《光明日报》因此面临出版准证被撤销、报纸被停刊的生死关卡。

刘鉴铨一如既往地带领团队，想方设法营救《光明日报》。

时任集团法律事务总经理的陈美美看着刘鉴铨如何一边以法理、依程序向有关当局陈情；一边动员奔走，在压力下跟各个方面全力斡旋。

最后，《光明日报》逃过停刊命运，而代以夜报停刊两周作为惩处。

陈美美一直难忘这一役。她更难忘的是刘鉴铨的勇于承担："他不是为了自己，而是为了替报纸争取公正，为了员工费尽心力。"

在陈美美眼中，刘鉴铨是一位努力寻求公平正义，勇于为华人社会权益仗义执言的报人。他全心全意为报社未来着想，牺牲了与家人相处的时间。

至于同样刊登了漫画的《新海峡时报》，却得到当局"轻轻放下"的对待。

从两份报纸所得到的不同待遇，亦可窥见中文报在马来西亚国情下的求存处境。

风波落幕后，刘鉴铨忍不住著文抒发心中感慨。

械鬥事件非種族衝突

副揆吁人民冷靜勿信謠言

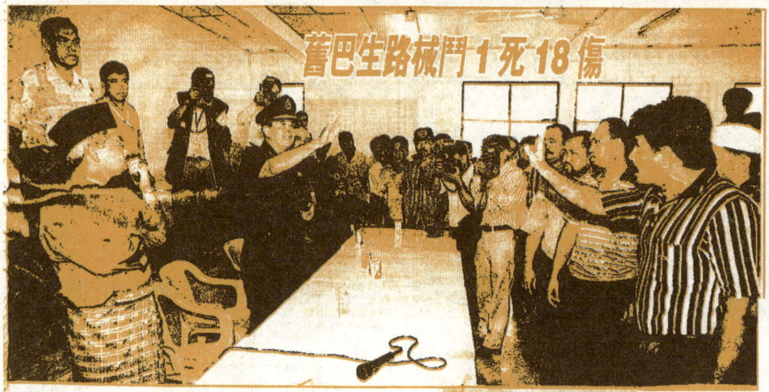

舊巴生路械鬥1死18傷

扣捕35人不排除戒嚴

械鬥事件又2死

警方關注局勢

《星洲日报》关于甘榜美丹械斗事件的报道

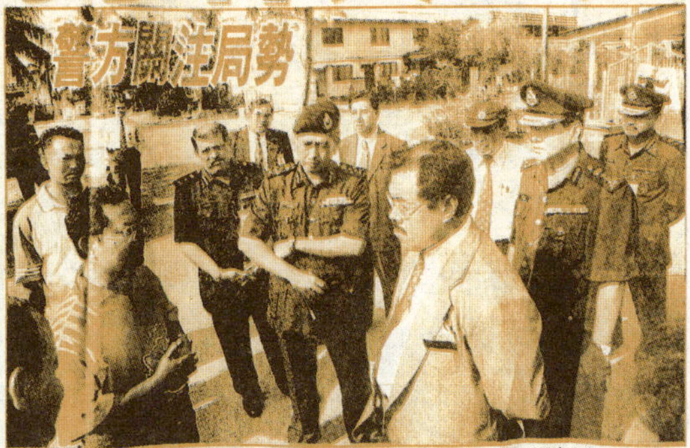

2006 年 3 月 1 日，他在《星洲日报》言论版的《沟通平台》专栏，发表了短文《咬定青山不放松》：

原任新海峡时报集团总编辑、现任副主席的卡里慕拉·哈山（Kalimullah Hassan）星期日就漫画风波发表了文章。

我读了他的文章，心里的感慨并不比他少。

他说，事发后的那一星期，他和《新海峡时报》同仁受尽了煎熬，看到了人性的丑恶，也看到了人性的善良，更感觉到几位高层同僚经得起考验的友谊。但偶尔他们也怀疑，这样的工作值不值得做。

我能体会他的感受，因为我也有过两次这样的经验。第一次是 19 年前的 1987 年：在种族关系日愈紧张的时刻，《星洲日报》在没有被告知任何理由之下被停刊 5 个半月，而当年身为总编辑的我几乎遭受牢狱之灾。第二次是 2006 年 2 月：《光明日报》夜报因刊登一张涉亵渎伊斯兰先知的法新社照片，而被停刊两星期。

1987 年停刊事件已远矣！这里谈眼前的《光明日报》事件。风波发生后，我和同仁为报纸未卜的命运及编辑部负责同事可能被令引咎辞职，而心焦如焚，日夜筹措。

谁也不想发生这样的事。报社每天都要处理数以千计的文稿，错误和疏忽有时确实难以避免。面对同样的厄运，我们当然希望《新海峡时报》及其他媒体能安然过关。

但我们和《新海峡时报》高层为挽救报纸而采取的方式迥然不同。卡里慕拉有强势关系，背后又有"高人"指点，所以一开始以高姿态应对。他们重登有关漫画，要求人民和政府去判断这漫画是否真正具侵犯性。同时点名反驳那些针对漫画批评或指责《新海峡时报》的党团和人士。最后，《新海峡时报》以封面全版无保留道歉而抢度险关。

我们根本没有摆出高姿态的条件，因为我们背后没有靠山，也不想成为"大象打架而被踩死的蚂蚁"。我们只能像石竹般从巨石缝隙中顽强钻出生天，从而"咬住青山不放松，任尔东南西北风"！

我们当然在幕后有据理陈情，力争公平的对待。最后，《光明日报》夜报面对两个星期停刊的惩处。

我们只能这样。连素来敢怒敢言的台湾作家龙应台在给萧依钊同事和《光明日报》打气的信中，也说："抗争，是要有条件的。"

抗争要有条件的道理，刘鉴铨当然最清楚。半个世纪以来，他正是为了替中

文报争取更有利的抗争条件而汲汲营营，锲而不舍，没有一天松懈。

种族与宗教课题，是马来西亚媒体人常会踩到的两大"地雷"，常常不过星星之火即遭引爆。引爆之后如何收拾，最考验主事者的智慧与功力。

在《光明日报》的讽刺伊斯兰先知漫画事件之后，隔年的8月27日，《星洲日报》刊载了漫画家王锦松的一幅作品。

该漫画左侧有一个标示着"自由繁荣圈"的大圆环，一个样貌神似日本首相安倍晋三的人物交叠双脚立于环内。他拥有四只手，其中一只手持着"四国联盟"的旗帜，另两只手则置于脸颊两侧，向中国领导人扮鬼脸。

有印度教徒认为，"圆环、四手、双脚交叠的姿势"，与印度教的湿婆神相似。

这幅漫画让霹雳州的部分印度教徒觉得自己的神明受到了亵渎，于是前往怡保警察总部报案。

当时正值一家淡米尔文报因刊登耶稣基督像而以亵渎罪名被对付，既然淡米尔文报可被对付，作为华文报的《星洲日报》又有何不被对付的理由？

这一幅漫画的版位不大，在版面上毫不起眼，但其所引发的麻烦却是爆发性的。一方面，内政部可援用煽动法令，对付《星洲日报》；另一方面，也可能点燃全国印度教徒的怒火，进而演变成种族课题。

时任新闻部部长的再努丁，虽曾是刘鉴铨新闻战线上的好友，但也公开警告华文报，特别是《星洲日报》，勿渲染种族课题。

刘鉴铨十分明白要解决这危机，就必须与时间赛跑，在火开始之前先把引线捻灭。他当机立断，指导相关同事草拟公开声明，除了表示歉意以外，也表明绝无恶意。另一边，他也请怡保办事处的采访主任与报案的团体寻求对话，以沟通交流化解误会。

刘鉴铨以智慧和诚意，再一次成功地平息了一场一触即发的战火，又一次保住了报社、逃过"无妄之灾"。

但是，在马来西亚，考验媒体的又何止种族与宗教课题呢？社会、时局的敏感神经，可说是无处不在啊！

尤其自金融风暴以来，社会和生存条件恶化，再加上许多综合因素，马来西亚治安急速变差。与新加坡一水之隔的柔佛州首府新山，更是首当其冲，不但治安极其败坏，而且犯罪指数高居不下，匪徒作案手法更是凶残。

2007年，连续多宗震撼全马的罪案，几乎都发生在新山。当时的新山流传着一句话："在新山没有被打、抢过的，就不是新山人。"

《星洲日报》及各大华文报都非常关心这些治安课题，努力扮演好媒体的角色，帮助读者提高警惕。

星洲媒体集团旗下的《光明日报》，在一篇以新山治安情况恶劣的封面报道上，冠上了"新山人，你应该愤怒"的大字标题，引发多个政府单位强烈反弹。时任旅游部部长的拿督斯里东姑安南认为，这篇报道过度渲染马来西亚的罪案，严重影响旅游业的发展，尤其是阻吓来自新加坡的旅客。巫统州议员也公开警告，在报道治安课题上勿玩火，并促请政府严加处分这些"不负责任"的报道。

《光明日报》的封面标题引起当局强烈不满

当时的柔佛州总警长和新山市警区主任都对《光明日报》十分光火，欲以"报道不实"的罪名起诉《光明日报》。

面对一连串强烈的抨击以及当局的施压，刘鉴铨毅然带领着团队与警方进行对话。刘鉴铨温和的态度、坚定的立场，以及理性的分析，说服了愤怒的警官们，成功摆平了这件事。

曾任集团总编辑的萧依钊多年来与刘鉴铨并肩作战，每一场战役都亲眼见证着刘鉴铨如何运筹帷幄应对。她和编辑部其他资深编辑都知道敏感新闻一定要问刘老总，整个马来西亚新闻界，没有人像他那样既有丰富新闻工作经验，又熟悉国家法律。

可惜世态往往难免有其荒谬的一面。天天顶着压力，日日殚精竭虑，努力领导着报纸为新闻自由抗战逾半个世纪的刘鉴铨，却仍不免遭一小撮失意分子长期抹黑与诋毁，诬蔑其为打压新闻自由的黑手！

或许，这得从《星洲日报》日益壮大，并且开枝散叶，从一家报社成为一个扎根本土挂牌上市的报业集团，进而破天荒在马来西亚和中国香港地区双边上市，成为国际媒体集团说起。

第八章

更与何人说

2004 年 10 月 18 日，《星洲日报》连同《光明日报》和"亚洲眼"财经资讯网、星洲网站及其他三份教育周刊《学海》《星星》及《小星星》正式组成星洲媒体集团（SCMC），并在吉隆坡证券交易所主要交易板上市。

星洲媒体集团上市之后，报社的立场、风格、精神仍然一脉相承，万变而不离其宗。

刘鉴铨以新闻人的求真精神，埋首"求学年代最怕的商业法律"，认真啃读厚如砖头的公司法、商业法、证券法、上市条规守则，以及良好管理规范等专业书籍。

刘鉴铨深知，身为上市公司主管，他须照顾大小股东利益；但身为报社主管，他须照顾读者利益，履行社会责任。他可以感性处理私人事务，但必须以理性处理公司事务。

他以处理新闻的公正原则，建立星洲媒体集团的行政管理制度。

有时，为了维持公司纪律，提高公司的效率，他不得不对一些人事案拍板，制裁违反纪律或渎权的职员。有关职员可能在公司年资不浅，一起共事了多年，这让他在裁决时未免感到情理两难。多年前，他曾就此问题请教一位拥有管理学硕士学位的出家人满亚法师。满亚法师说："对付一个人却可以使一百个人受惠，去做吧；为了放过一个人而令一百个人受害，就不应该。"

做该做的事，尽力而为，不要为操心后果而绑手绑脚，不过这也让刘鉴铨背了不少黑锅———如他任总编辑时，总是一力承担"有问题"的报道所衍生出来的麻烦。

也为了"不能为了放过一个人而令一百个人受害"的原则，让他十多年来不断蒙受一些曾共事的失意分子极尽能事去抹黑和诋毁。

经历过《星洲日报》经济陷入危局的苦痛，在个人理财方面从没有把金钱看得很重的他，却对报社的财务与资金流动管理得特别严谨慎重。该用的钱一定用，不该花的钱，一毛钱都不浪费。

他知道，为了报社的稳健发展，除了须有盈余，更要有储备，以防万一。

为了防微杜渐，早在公司上市的多年前，他就主动成立了内部稽查组，以确保公司内部健康运行。

"一桶米，如果被老鼠咬一个洞，米就会流失。"他相信通过制度化的监督与稽查系统，可以预防盛米的桶被老鼠咬破。

一旦发现"鼠踪"，刘鉴铨就会抽丝剥茧地细心查证，以了解涉及的同事是一时失误疏忽，还是为了一己私利。

他的处理方式是先在会议中含蓄但很严肃地点到为止，提出警告，让那些有偏差的人有机会去改正。刘鉴铨知道，没有哪个人是完美的，他常常是以宽容的

态度给予犯错者一个改正的机会。

如果犯错者经过"提点"仍执迷不悟，他会依条规惩处，不怕得罪人，因此常被不知内情者视为无情。

他常常提醒稽查组的同事："稽查师就像警察。做这份工作，有几个大原则要注意：要以独立、中立的态度去稽查，不能带有私人感情、恩怨和报复的心理。稽查的工作就是做好内部监督系统、风险管理及内部监管流程。如果哪个部门或是哪个地方螺丝松了，就要提醒管理层，赶紧把它拴紧。"

在星洲日报社总会计师卢玮平的随身笔记里，就记录了刘鉴铨说过的一句话："防洪堤一个小洞不补，整村都会被洪水淹没。"她记下这句话，因为她觉得这句话适用于很多情况，尤其对会计部更是适用，能够在做账时引以为戒。

身为总会计师，卢玮平最清楚星洲媒体集团如何勤俭持家。公司虽然赚钱，但是用钱仍然非常谨慎，每一分钱都花在刀刃上。公司年度财政获得盈余，一方面用于硬件设备，让报纸的生产流程更省时省力，让印出来的报纸质量更好；另一方面就是投资在"软件"，包括改善员工待遇，以及加强报纸内容。

2008 年，马来西亚星洲媒体、南洋报业和香港明报企业宣布合并，实现走向全球化的计划。

2009 年 1 月，星洲媒体、南洋报业及香港明报企业分别举行股东大会。三个大会都以近 100% 的票数通过合并计划。集团取名为"世华媒体集团"，旗下中文日报包括《明报》《星洲日报》《光明日报》《南洋商报》《中国报》，以及《亚洲周刊》《亚洲眼》等 30 多家杂志。其中，《明报》在北美洲发行四个地方版本，分别是多伦多版、温哥华版、纽约版和旧金山版，外加张晓卿旗下公司出版的《柬埔寨星洲日报》《印尼星洲日报》与巴布亚新几内亚英文报 The National，业务版图分布极广。

这是张晓卿为建立首个国际化的中文媒体平台，强化中文媒体在全球的话语权，所跨出的史无前例的一大步。刘鉴铨的重任，则是确保为各报刊注入新能量，在一如既往独立运作的同时，亦可以在资源整合后让协同效益最大化，从而达到壮大中文报业的目标。

七年过去了，世华媒体集团旗下各报刊编辑部独立运作。各自精彩的事实有力地证明了：某些人指合并会造成媒体垄断的预测并不能成立。

2011 年，马来西亚国立大学媒体与传播学院连同历史、政治与战略研究学院的师生，针对马来西亚族群媒体进行了一项学术调查。2012 年，法丽达·依布拉欣副教授、张炳祺博士和郭清水副教授联合发表了题为"马来西亚族群、媒体与国家建设：议题、认知及挑战"的研究报告。报告指出，在大多数读者心目中，《星洲日报》的公信力以及平衡报道方面的表现，均超越其他语文主流报纸

（右起）评论作家梁文道、马家辉、钱钢和张作锦、张晓卿社长、大众书局执行董事林俐娥、刘鉴铨、萧依钊、中国媒体学者彭伟步及作者欧银钏一齐推介叙述《星洲日报》历史的《历史，写在大马土地上》

（右起）张晓卿社长、刘鉴铨、萧依钊、主编张清水、译者陈莉珍一齐推介《历史，写在大马土地上》的英文版本 *Walking Tall*

及网媒，得分高于平均值。

关于某些人的"垄断"指摘，并没有事实根据。世华媒体集团旗下各报刊一如既往，各自维持着编采独立的操作方式。

与此同时，各报刊因协同效应而减少了割喉式商业竞争，大都扭亏为盈，尤其是连年亏损而耗尽流动资金的《南洋商报》更因此避免了破产的危机。

在这一方面，刘鉴铨克勤克俭、戒骄戒躁地全身心付出，尽量发挥集团合并以后的协同效益，但他的实力因个性低调而经常被外界低估。另一方面，世华媒体的成立，却更加剧了那群长期抹黑他及《星洲日报》其他主管的人对他们的诋毁。

《马来西亚族群、媒体与国家建设：议题、认知及挑战》的研究报告封面

对泼洒在其身上的污水，刘鉴铨如常不多加回应，直至 2012 年 8 月，当他读到《媒体不应也不必与学者为敌》一文时还难免有感而发。

刘鉴铨在读后的感想是：对案件的裁决，必须基于符合宪法精神的相关立法而不是引申行政法。

这与世华媒体当年收购事件雷同。马来西亚当时乃至现在都还没有设立针对此类商业行为与交易的法律。反对者仅依情绪激发舆论。

这是星洲日报坚持的论点。它好像在牛群中唱十面埋伏，只听到牛嗥的回响！

从 20 世纪的新闻路上一路走来，刘鉴铨对世道看得特别通透。他深知让事实说话的力量，更知道业绩也会说话，进步就是对攻击的最好反驳。

在世华媒体集团成立以来的三年里，由刘鉴铨亲自执掌的星洲媒体集团，业绩年年刷新纪录，屡创新高。

根据世华媒体集团报告，截至 2012 年 3 月 31 日，世华媒体 2011 年财政年度的全年营业额成长近百分之六，达到十四亿四千七百一十七万令吉；税后盈利成长百分之十五，达到近两亿马币，其中星洲媒体的盈利占百分之六十八。在全球经济不景气的 2008 年财政年度，香港媒体业深受打击，世华媒体集团依赖星洲媒体的贡献才能维持盈利。

根据发行公信会（ABC）的统计数字，《星洲日报》2011 年的发行量是四十万。过去一年，《星洲日报》的广告收入和发行量均成长了百分之五左右。

《星洲日报》稳坐马来西亚第一大报宝座，至 2012 年 12 月，每日发行四十

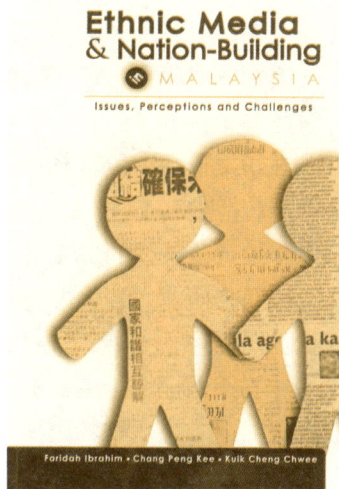

二万份，读者人数超过一百五十万，高居马来西亚各语文源流报纸榜首。

马来西亚有十多家华文报纸，其中最畅销、最受欢迎的，是世华媒体集团旗下的《星洲日报》《南洋商报》《中国报》和《光明日报》。这四家报纸的总发行量超过一百万，读者来源涵盖了超过百分之八十的华人家庭。

在华文报中，最具影响力的是《星洲日报》。在华文为非主流的多元族群社会中，《星洲日报》却能超越主流语文报纸，成为马来西亚最大的报纸，以及中国以外发行量最高的华文报。

由马来西亚广告代理商协会（4As）主办的"2012年马来西亚最有价值品牌评选活动"中，《星洲日报》第三度入选为"马来西亚三十大最有价值品牌"。占据"马来西亚三十大最有价值品牌"榜的，主要是银行和通信服务公司，《星洲日报》是唯一入选的媒体公司。

另外，全球顶尖品牌顾问公司 Brand Finance 最近公布的 2012 年马来西亚百大最有价值品牌报告中，《星洲日报》名列第二十七，品牌价值两亿一千九百万马币（大约七千一百六十万美元）。

正是因为近些年，或者说近十年来，世华媒体集团，尤其是《星洲日报》一直交出漂亮的成绩单，让几位因故离开《星洲日报》的失意分子心理更无法平衡，于是种种诽谤与诬蔑排山倒海而至，再加上一些跟风者或好事之徒的参与，无理无据的抹黑运动一直在延续……

随着网络与社交媒体崛起，这股歪风更盛。攻击者躲在电脑后面，有组织地以不负责任的手段，尽情发挥想象力创造种种莫须有的罪名，加诸报社与报社领导身上，同时以暴力的污言秽语，进行报格和人格"谋杀"。

尽管受到如此多的诬蔑，尽管遭受了太多的委屈，刘鉴铨依然保持那份从容和宽恕。他告诉自己，不要生气，更不要用别人的错误或者丑陋来惩罚自己。

他有时候甚至觉得，对流言蜚语的回应，反倒成全了小人继续造谣生事的阴谋。至于不知情者因为那些无稽的诽谤而对《星洲日报》及他和其他主管的误读，刘鉴铨相信一句话："路遥知马力，日久见人心。"

2012 年 5 月，刘鉴铨阅读了一本刚出版的英文书 Dial M for Murdoch。这本书的作者为英国工党议员 Tom Watson 和《独立报》记者 Martin Hickman。书中揭发了国际媒体大亨默多克（Rupert Murdoch）掌控的新闻国际集团旗下各报与英国政客、高官、警官之间的关系，以及包庇非法搜集新闻情报的手法。当他读到默多克独裁霸道地干预旗下报章评论，派狗仔队天天跟踪不合作的政治人物或意见不同者，用揭人隐私、精神威吓的手法时，不由百般感慨地表示：在崇尚自由的老牌议会民主制国家竟发生这种事！这才真叫"勾结、垄断、干预新闻自由"！

对于某些失意分子的百般攻讦，刘鉴铨心里很清楚他与这些人的分别在于：

"我始终坚持认为，既然选择了这份事业，为此付出是我的责任。我没有寄望自己拼搏了就应该得到些什么。就像 1987 年《星洲日报》先被银行接管复被当局勒令停刊，我奔波了几个月，尽最大努力寻找到新的买主、争取报纸复刊，过后我毅然提出辞职的要求。当然，如果能够继续做我自己选择的工作，我是高兴的，但是我没有在振兴《星洲日报》之余再为自己预定一个'索取'的目标。"

这确实是刘鉴铨与这些攻讦他的人不同之处。

"回首来时路，我只能说，过去与这些人共事，是一种缘分；后来，分道扬镳，以致产生今天的局面，并不是我参与促成的，我只是一个完完全全的被动者。也因为这样，我从没有正面回应过他们的挑衅，我认为这么做是没有意义的。"

刘鉴铨认为，在漫长曲折的报业生涯中，数十年来难免与各种各样的人交往过：

"有的合作愉快，由始至终是朋友；有的一直是互惠互利的利益关系；有的一段时期是同一条船上的伙伴，但另一段时期则道不同不相为谋，甚至因怨生恨。"

"世界不会真正长久和平，人心善变，一切无常。"

当生命来到古稀之年，他坦言："七个十年里看到人生千姿百态：善，恶，是，非，爱，憎！一个人如能克制个人的欲望和贪念，就能向善。可是，人从小就受教（育）要出人头地，世人都看重权势名利；一个人碰上机遇就会处心积虑经营自己的权势和财富。"

但不管遇上哪一种人，都是尘缘。而红尘红滚滚，登彼岸者有几人？"本来成现事，何必待思量。"

何况，除了亲朋和一些同业，还有哪些人会关心这种芝麻小事？真正认识他的人也不会被这些故意倾倒在他身上的污水所误导。他相信，假的永远是假的，不会因为出几本书、写几篇文章，就成了真的，不是所有的白纸黑字都值得珍视，留存历史的很多是渣滓，严谨读史的人自会去芜存菁。

心系报业与新闻理想的刘鉴铨，根本无暇去理会那些无聊甚至恶毒的诽谤，这不是他的性格。

历史，总会在阳光的照射下迷雾散尽，让一切美与丑昭昭于天下。清者自清，浊者自浊，单调、混乱甚至歇斯底里的蛙鸣，终究不会成为韵律十足的音乐。

更何况，马来西亚的社会虽然有强的民主架构，可是民主精神和实践却无法反映群众的要求。这正是对马来西亚新闻人的挑战。

刘鉴铨一直面临着这样的挑战，日复一日。

而这种挑战的根源在于：当权者认为媒体应是政府的伙伴，为政府办事就等于为民办事，加上他们是人民选出来的，媒体没权力去监督；而刘鉴铨坚持的是，作为一份民营的独立报纸，关注民生，向政府反映真实的民情，并对政府进行监察、批评和制衡，才是媒体的真正使命和责任，也是新闻人的理想。

这些年来，凡有大事件发生，刘鉴铨都会召开和主持编辑部高层会议，讨论报纸应采取的立场，并考虑到采取这个立场后可能面对的后果，包括受到政府打压后进退的底线。

正所谓未雨绸缪，《星洲日报》几十年来保持了一贯的立场和风格，不媚俗，不摇摆。

2010 年 3 月，《中国报》独家揭露时任马来西亚总警长的慕沙哈山呈辞的消息，掀起了轩然大波。总警长震怒，当局不断施压，关切电话没日没夜地打来。

《中国报》总编辑张映坤处于强大的高压之下。

刘鉴铨表面上云淡风轻。但是，张映坤从事发后一直跟他紧密联系的时任世华集团总编辑萧依钊口中得知，刘鉴铨比更多人更关切他及《中国报》在"报道不实"罪名下可能面对的制裁。后来，内政部接受《中国报》道歉，但《中国报》也须采取内部处分，总编辑被停职两星期。

张映坤知道，刘鉴铨一直在努力为《中国报》斡旋，以他的人脉，通过个人的交情，甚至亲自出马，为《中国报》向相关人士陈情，让《中国报》最后免于出版准证被冻结的下场。

"新闻自由，不是被施舍的。"张映坤知道，刘鉴铨以一生的努力争取新闻自由，不畏强权，对不公不义的事仗义执言。最重要的是，刘鉴铨会信心十足地在过程中正告某些政客："媒体不可以侮之。"

在张映坤心目中，刘鉴铨是一个"巨人"。

近几年来，每遇有报纸因触及当局敏感神经而风声鹤唳，三番数次亲身见证刘鉴铨在紧急会议上运筹帷幄、合纵连横地引领着编采团队与当局博弈。《光明日报》总编辑彭早慧认为，不只《中国报》的张映坤，世华媒体集团旗下各报纸总编辑或各刊物主编，在处理新闻不小心踩到"红线"时，都仰赖集团编务总监刘鉴铨。他以新闻历练结合法学常识，以及他的人脉和对人性的掌握，点拨、帮助大家从地雷阵中突围。

在力捍新闻自由以外，刘鉴铨的视野还飞越星洲媒体集团、世华媒体集团……他关心的是他一辈子安身立命的"马来西亚报业"。

五十年来，他在这块土地上播撒新闻的种子，他知道这片土地的故事，他明白这块土地需要什么。

2009 年 3 月 31 日，马来西亚候任首相拿督斯里·纳吉布（马来西亚人称

"纳吉"），在即将出任首相的前三天，特地访问《星洲日报》总社。

候任首相到访报社，且访的是中文报集团，在马来西亚是史无前例的一件事。其中潜台词，说的正是政府领导人对中文报影响力的重视、实力的肯定。刘鉴铨心里明白，纳吉布想借《星洲日报》的传播力，向华人社会传达某些重要的信息。

刘鉴铨不改报人本色。他在报社欢迎纳吉布到访时，不忘为传统媒体陈情：在网络时代，当局已无法像往昔那样控制信息的流通，所以政府应放宽对传统媒体的管制，不然只会将民众推向网媒。

2009 年，纳吉布在出任首相前三天访问《星洲日报》

他说，希望政府任意惩罚媒体的日子从此成为过去，并且希望当政府与媒体对某些国家课题的处理方式意见相左时，媒体能获得解释的空间。

"我们会秉持公正及负责任的态度来报道新闻，以便成为政府与人民之间的沟通桥梁，让大家能一起向前迈进。"

三年半后，纳吉布在马来西亚新闻社主办的"媒体之夜"晚宴上宣布，政府将会重新检讨对媒体的审查制度。这是马来西亚立国半个多世纪以来，首次由一国领袖做如此宣布。

身为在新闻自由路上抗争的老兵，刘鉴铨再次以新闻人的思维，表示其审慎

乐观的态度。他在稍后发表的评论《检讨媒体审查制度——前进的一大步》中表示：

"首相纳吉布表示政府将重新检讨媒体审查制度的宣布，无疑是跨出了前进的一大步；亦解除了一些无视当今世界现实的公务员，以他们濒临崩坍的枷锁加诸予我们的禁锢。

"首相纳吉布的宣布，同时也显示了他对马来西亚政治版图转变中的认同。

"纵然这已是老生常谈，可是仍有公务员不懂这道理：你可以审查一篇印刷版报道，但只要一个按键，人们马上就可以读到完全未经审查的电子版报道。你堵截了平面媒体的新闻，却阻不了部落客（博客，下同）大作文章。

"何况有时有关审查的准绳还是如此匪夷所思。发行量不大的杂志刊登了原始部落妇女袒胸照片的页面被撕毁；就算是大师们的经典艺术作品也不放过，刊登在高档杂志里享誉世界的露臀名画遭到涂黑。

"身处一个多元社会，我们的确不能肆无忌惮，一些约束仍有必要。不过，如果任由政客或公务员主宰或审查，必会引起反效果。

"判断报道的尺度应该交回给媒体人来制定，并承担一旦失误的责任，以及为误判的后果付出代价。反正我们并不缺管制媒体的法律。

"首相纳吉布检讨媒体审查制度的承诺，虽不意味政策或法令就会被修改，但这却已是一个很大的进步。接下来，各项钳制媒体的法律亦应予检讨。"

他也不忘从法理的角度，为新闻人力争公平的权益："媒体版图已然改变。报章及政府掌控的电子媒体再也无法完全主导舆论。教育水平的提高启迪了民智，公民意识的提升使得人们更明辨是非，互联网的普及也让人们掌握到更多资讯。不过，网上的资讯有时可能是错误的甚至是有害的，因为互联网并不限制任何人散播谣言、中伤别人或杜撰事实。

"但信誉良好的媒体机构及有素质的媒体人，却能以专业操守以及纪律，确保谏诤并不会对社会构成伤害。虽然沟通的模式已经改变，可真实、准确、公平和平衡的新闻处理准则并不会变。

"在充满着庞大资讯及各种思想的一个市场里，媒体必须被允许无畏的履行我们的职责，并坦然接受一旦失误时所面对的后果。

"但是裁决及适当的惩罚必须有法律根据，而不是任由一些人随意操弄生杀大权。这也是法治精神的意义所在。

"最终，只有拥有公信力的媒体，才能成功。

"那些扭曲、撒谎、毫无根据的指控，或采取不法或不道德新闻手法的媒体会被揭发，不管他们是像部落客这样的个体户，或是像梅铎（默多克）新闻集团这样的国际企业。

"政府应撤销各种管制媒体的法令，让媒体人无论小小的部落客，或是大媒体集团里的知名作者，都和普通人一样受到普通法的管治。

"让读者来决定我们应该壮大抑或式微。

"让法庭——不是一些政客或公务员，裁决我们的对或错。"

一篇不亢不卑、为新闻人发声、为争取新闻自由陈情的评论，后来却一再被那些一直找碴抹黑《星洲日报》的网络写手故意曲解，作为攻讦他向执政者靠拢的"暗器"。对这些敌视者的伎俩，刘鉴铨藐视之，笑言："我只觉得可笑。我不会因为他们的说三道四，而不去讲我该讲的话。"

他想起 27 年前，曾和 9 名同业自费到苏联观光。

当时莫斯科的政治形势和媒体生态让他想起美国作家马克·吐温的名言："至于天堂与地狱，我对两者都不愿意作出承诺，因为我在两处都有朋友。"刘鉴铨感怀地写道："这位曾经当过记者的作家，也替我道出新闻工作者在职业道德上的双重人格。"

刘鉴铨清楚，新闻记者就是在天堂与地狱间奔走。

他自问："执着于这样高度危险的工作，为的是什么？"

他又自答："为的是真相。记者是观念启发者、课题突出者、真相发现者。在马来西亚，永远需要记者，尤其是走钢索的记者。"

刘鉴铨多次梦见自己差点就从那条摇摇晃晃的钢索上摔下去。那是梦，也是现实。就好比那次至今都让人如鲠在喉、痛彻心扉的"茅草行动"。

事隔 24 年，卸任多年的前首相马哈蒂尔，突然石破天惊地公开否认他在"茅草行动"中所扮演的角色。

对此，郑丁贤率先发出了义正词严的质问。

2011 年 2 月 11 日，《星洲日报》副总编辑郑丁贤在一篇题为"'茅草行动'谁承担？"的文中写道：

我有点吃惊，随之而来的是疑惑。24 年前，是谁下令展开茅草行动，以内安法扣留了 100 多人，关闭三家报社，包括《星洲日报》。马哈迪（马哈蒂尔，本引文同）日前告诉美国记者，茅草行动不是他的决定。马爷爷说，那是警方的决定，他必须尊重警方的专业。对了，马爷爷当时不只是首相，也兼任内政部（部）长；而如此重大的行动，不是他的决定。唉，其实他反对大逮捕，只是当时身不由己……哦，这是他说的。

他还曾经向反对党保证，不会动用内安法令。不过，林吉祥表明没有听过这项保证。

大家心里打出问号，但当年的总警长韩聂夫传出话来，指茅草行动的确是警

方的决定。似乎是为马爷爷背书（此处不是指小学生背课文），却也颠覆了一般人对茅草行动的了解。

茅草行动不是态度行动。它不止扼杀 100 多人的行动自由，以及影响三家报社的数千员工生计；更重要的是，它化解了当时的领导危机，巩固了马哈迪的统治。

司法、媒体、反对党、执政党内部的异议，都遭到重创，奄奄一息；马哈迪集大权于一身，开启接下来 17 年的威权统治。

如果韩聂夫下令执行茅草行动，其合理性何在？他应该加以说明，包括何以被扫进扣留营者，大部分是反对党、华教人士，甚至是环保分子、人权工作者。

在内安法之下，警方固然有权扣留任何人 60 天；然而，之后延长扣留期就是内政部（部）长的权力了。内政部（部）长签署扣留令，使到 40 多人继续遭到扣留，当年 74 岁的沈慕羽老先生，坐牢 7 个月；林吉祥、林冠英父子和卡巴星等，坐了 18 个月牢。

马爷爷身为当时的内政部（部）长，他怎能忘记呢？

而《星洲日报》被关闭近半年，期间如何与人周旋，那又是另一个长篇故事了。

24 年过去了，马哈迪重提此事，或许是要洗刷名誉；不过，他应该强化记忆。茅草行动造成民主人权大倒退，大马（马来西亚）得到重大的教训；够了，今后永远不要再重犯错误。这一点，绝对不需要疑惑。

29 年前，许多人在"茅草行动"中被抓。可是，这时候，马哈蒂尔否认曾下令关掉《星洲日报》等三家报纸，改称是当时总警长做的。

刘鉴铨相信，历史无法被抹杀，民主不彰的记忆也永远无法被淡忘。

2011 年，首相纳吉布在马来西亚成立 48 周年纪念日发表献词时，宣布废除备受国际社会谴责的内安法令（即"内部安全法令"），以国家安全法令取而代之。同时废除放逐他州法令，全面检讨限制居留法令、出版及印刷法令，以及警察法令下有关集会自由的条文。

2012 年 4 月 20 日，国会通过修改出版法令，撤销报纸每年须更新出版准证的条例，不过，新法令依然赋权内政部部长批准或拒绝出版准证的申请，以及随时撤销或冻结出版准证；但出版人可上庭挑战部长的决定。而且新法令规定，任何出版物如恶意发表"虚构新闻"，其承印人、出版人、编辑和作者一旦罪成可被判监禁不超过三年，或罚款不超过两万马币，或两者兼施。此外，任何人被法庭判罪后，法庭可批准检察司的申请，下令该刊物停止出版不超过六个月。

《星洲日报》副总编辑林瑞源撰文表示："……国阵必须检讨政策，进行其

他大层面的改革，法律改革的效应才能持续发酵和扩大。……还有一些和时代脱节的法令未修改，包括限制新闻自由的官方机密法令、煽动法令及影响大专生的大专法令……"

林瑞源所提的"煽动法令"（Sedition Act），正是刘鉴铨一路走来一直呼吁当局修改的一项对媒体人不利的法令，为了使媒体可以在"毫无恐惧与有利"的情况下报道新闻。

当时，刘鉴铨提出他的建议，同时被"马新社"引述报道。他说："煽动法令对新闻业是一项障碍。有鉴于此，我赞同撤除煽动法令中的一些障碍，以确保记者得以把工作做好以及服务人民。"

2012 年 7 月 11 日，在有识之士千呼万唤之下，首相纳吉布终于宣布，政府将废止煽动法令，并以"国家和谐法令"（National Harmony Act）取代。

纳吉布指出，煽动法令是过时的法令，而国家和谐法令可在未来给予马来西亚人民更多的自由，在不得鼓吹宗教、种族仇恨的前提下，保障人民有更多的言论自由。

刘鉴铨多年前对煽动法令所提出的建言，终于看到实现的曙光。至 2013 年，政府仍未以国家和谐法令取代煽动法令。不过，司法部部长已宣布在第 13 届大选后的国会提呈国家和谐法案。

刘鉴铨认为，那些修改后的法律仍然保留不少威胁和钳制新闻自由的条文。展望未来，他期望更多新闻工作者同心协力，一一解除所有捆绑着新闻工作者的绳索。

2011 年初的一个早晨，刘鉴铨随手翻读书桌上的丹·布朗（Dan Brown）的小说《天使与魔鬼》（Angels and Demons），他很快就被紧张的故事情节吸引，试图努力拆解悬疑。放下小说后，他在几位同事的陪同下，重返其出生地文德甲市联增小镇"寻根"。

一切都已物是人非，只有杂货店的老太太认得他。

老太太端来他喜欢的南洋黑咖啡和圈圈饼，顺道说了一句："好久不见。"

是的，久违了，这些山、这些水、这些人。

老家的旧址已成了邮局。他站在邮局前，思量着，这里是否有昨天写给今天的信笺？

他想起年轻时读过的《双城记》，开场那一段脍炙人口的名言："那是最好的时代，又是最坏的时代；那是智慧的年代，又是愚蠢的年代；那是希望之春，又是悲观之冬；我们拥有一切，我们又一无所有；我们都走向天堂，我们又都往另一方。"——不由感叹："现实感多么强啊！"

联增老咖啡店里，刘鉴铨与老掌柜话当年

刘鉴铨儿时的老家现已是邮政局

　　然后他笑了，历史是写在心中的，那些写满文字的纸张不过是个摆设罢了。无数的血与泪、痛与快，都在记忆的深处，文字怎能承受得起呢？

　　短暂的停留，为童年的土地送去几声问候，也写下一段注脚。

　　回程时，他依然在拆解着《天使与魔鬼》的情节——真相是什么？历史的真相又是什么？

　　是那些"地雷阵"？"五把刀"？还是那些命悬一线的"绝地突围"？

　　刘鉴铨告诉自己，真相在更深处，等着挖掘。

第九章

无住生心

星洲日报总社编辑楼门口挂了一幅马来西亚高僧伯圆法师的水彩梅花图，上有题词："冲塞冒雪山容淡，独让梅林任意开。"

"梅花香自苦寒来"，刘鉴铨和马来西亚新闻人品尝的苦与寒，已不胜枚举。

刘鉴铨知道，马来西亚在自然气候中没有明显的四季之分，但新闻人的四季格外明显，春日时节虽然美好，但是，如何度过冬日更为重要。

很多时候，刘鉴铨是那个站出来为年轻记者遮风挡雨的人，他让新芽慢慢成长、慢慢壮大。

江湖子弟江湖老，与《星洲日报》风雨同舟五十载有余，如露亦如电，竟然也就是一弹指顷。

2012年2月29日上午九时，在星洲日报总社五楼的会议室，有一个"大会"。主持大会的是特地从东马飞过来的世华媒体集团执行主席张晓卿。

逾四十位世华媒体集团旗下各报社总执行长和总编辑，以及各部门主管出席了交流会。他们当中大多数都已跟刘鉴铨共事多年，曾经一起经过那些"暗礁"、那些"风雨"、那些"流言"、那些"荆棘"。一切的一切，也因为有他的坚守、他的担当、他的智慧、他的胸襟，而豁然开朗。

首先，张晓卿以郑重的神情发表讲话：

百般的考虑，一路的困扰，甚至是刻意的回避、拖延，但是，要来的还是要来，要做的还是要做。今天，我就是要做一件最不想做、最不愿意看到，却又不得不做的事情，那就是有关老总CC（编者注：CC是刘鉴铨英文名字的缩写，也是同事对他的昵称）退休的问题。近些年来，CC不断向我提出退休的要求，我有时对他笑而不答，有时劝他打消念头，有时直接向他表达我对人生的退休看法。

在过去20多年的办报岁月中，不管经历怎样的困扰和压力，我始终选择CC和我一起，带领同事们冲锋陷阵，带领同事们驰骋在华文报业的疆土上。我对自己这样的抉择和判断，既满怀信心，也深感自豪。我记得早在1988年刚刚接手《星洲日报》的时候，以及后来很长一段时间里，有来自政治与非政治圈的人士，不断游说我，还百般唆使我，甚至是挑拨和离间，希望我不要再重用CC。对于CC这么多年来任劳任怨的巨大付出和牺牲，我除了因为器重他、信任他、选择他而感到庆幸之外，我更有一种难以言喻的感激和感恩，隐藏在心中。这些年来和CC并肩作战的人生奋斗，是我一生中最难得和最美好的记忆。

岁月催人老，将近四分之一世纪的光景一晃就过，随着年岁的增长，健康状态也渐不如前，这是任谁都无法逆转的人生自然规律。可是，CC身上所扛的担子，却只有加重，没有减轻；在不断的体力、精力消耗中，尤其是这几年来，每

当他遇到病痛折磨的时候，他更不断向我提出引退的心愿。

我一方面百般地挽留他，要他打消引退的念头；另一方面，我也对他支撑大局的艰辛、对他健康走下坡而深感忧虑和不安。

当 CC 在两年前再度要我物色接班人的时候，我不得不严肃思考这个问题。我也知道"接班人"已经是一个绕不过去的重大问题。由于我们媒体集团的体积庞大，责任重大，而且又是一个被"现实的残酷与世事复杂"所敏感牵动的文化机构，核心领导人所需要承担和领导的层面极广，如果要我拿 CC 今天所负担的职务、经验作一个比较分析的话，我不禁要深深感叹，像他这样"全能型"的报业领导人，已经非常罕有。

大约在半年前，当 CC 坚决向我表明退意的时候，我也已经意识到事情不能再拖延不决了，星洲媒体集团的接班计划应该尽快落实下来。

2012 年 3 月 1 日起，世华媒体集团将由 CC 出任执行顾问，萧依钊同事将继续掌管她的强项，发挥她在编务、文教领域、"软实力"及应对舆论方面的优点，担任世华媒体集团的总编辑。随着 CC 出任世华集团执行顾问后，他的集团董事经理、世华执行委员会主席、马来西亚执行委员会主席的职位，将在明天开始，交由黄泽荣同事接替。

1988 年 4 月 8 日《星洲日报》复刊时，刘鉴铨为复刊词所写下的"新的开始，旧的延续"八个字，或许也可以借来用在这一天的人事更迭上。

对于 2012 年 2 月 29 日这个日子，更恰当的形容是：旧的延续，新的开始。

一时之间，与会者心里都百转千回。有新的期待，有旧的不舍，当然也有因关心刘鉴铨的健康，为他终于不用再为马来西亚中文报业老骥伏"重"而感到丝丝欣慰。

众人纷纷献上了祝福。

其中，最为不舍、数度哽咽至不能言的，是世华多媒体公司执行长邱天雄。

邱天雄的另一个身份，是刘鉴铨的半子（女婿）。

邱天雄是虔诚的佛教徒，读大学时曾短期出家。他和妻子敏敏在大学读的是资讯科技系。

在星洲媒体集团的员工眼中，刘鉴铨是个勇者。他常以各种方式鼓舞同事。

不过，邱天雄说："有时，为了报社的事情，他忧虑得睡不着觉，有好几次在凌晨发简讯给我。"

邱天雄说："凡间世事，他想放下。"

邱天雄的妻子敏敏说："家父像是一棵大树。大树从不感受自己的压力，只是照应着大家。他不说重话，不多话，但他说的每句话，我们都深深记得。"

敏敏也说："人生的富贵名利，家父早已看开。他想放下。但是，在星洲媒体与另两个报业集团合并为世华媒体之后，家父想把世华媒体做好，是因为想让跟随他打拼的同仁有个安定的未来，同时也想报答张社长，谢谢张社长在《星洲日报》停刊时出手救了《星洲日报》。就是这个想法，让他铁不下心来引退。"

《星洲日报》一直是刘鉴铨的第二个家。

刘鉴铨的幼子博闻说："父亲不多言，而是以身教。我们小时候，他忙于报社的工作，很少有时间跟我们在一起。但如果我们不听话，母亲就会说：'爸爸待会儿就要回来了哦！'"

刘鉴铨期待儿子要多学习，他在博闻（喻博学多闻）的名字里寄寓了对儿子的期许。

"爸爸回来了，但他总是静默地看书、思考，很少讲话。如果我们做错事，他的一个眼神就让我们很自责。"博闻说。

当博闻首次从书上学会"静如处子，动如脱兔"这个短语时，他认为，这八个字是形容父亲最贴切的句子。

刘博闻毕业自英国大学电子工程系，现在是一位音响专家，对声乐十分敏感，擅长为客户打造美好的音响环境。他从小学三年级起迷上音乐，无论是古典音乐或流行音乐，他都喜欢。

刘鉴铨向来以对待属下编辑、记者的开明包容态度来对待孩子们的教育、爱好和个性发展。只要没有不好的倾向，他都放任孩子们自由发展，所以儿子迷恋音乐，他从不干预；对四个子女的教育以至成长后的交友和婚姻，他只是关心，但不干涉。孩子们对父亲又敬又爱。

"父亲是百分百的男人。他回家不谈公事，不把风雨带回来。"38岁的博闻感恩父亲如此呵护他们。他说："即使《星洲日报》在'茅草行动'中被停刊了，父亲回家后也没有抱怨或'发泄'情绪。"

因此，刘鉴铨家里总弥漫着一股他刻意保护家人的温暖，子女们不知道他走在钢索上，不知道他所面对的危险和烦忧。但是，子女们都知道父亲清廉自守，收入不多，所以他们不忍心加重父亲的负担，四个孩子都靠奖学金或贷学金来完成大学教育。长女彦敏现任中学教师，次女敏文是律师。

博闻总是记得父亲一再教导他和姐姐们："做人要厚道感恩，做事要认真负责。"

四个子女如今都已成家，并育有自己的孩子。刘鉴铨和老伴施慧珍有空时就会与孙子们一起玩耍。在孙子们的天真笑靥里，仿佛重新回到了小时候山林里的

纯真年代。他告诉子女们："千金难买寸光阴，千金也难换天伦之乐。"

刘鉴铨这一生一直走在新闻路上，长达 50 多年。筚路蓝缕中，他开辟一条坦途；漫漫黑夜中，他点亮一盏明灯；流言蜚语中，他书写清者自清；风声鹤唳中，他与《星洲日报》一起，踽踽前行。

《星洲日报》的长期读者邢广生女士，对他特别敬重。

现年 87 岁的老教育家邢广生，于 2011 年 5 月参加了《星洲日报》主办的爱心助学团，踏上了到中国安徽省农村献爱心的艰苦旅程。

邢广生原籍中国安徽，抗战时期辗转到四川大学念书，20 世纪 40 年代来到马来西亚。在那段风雨飘摇的岁月里，她挑起了教学的重任，多年以后，她桃李满天下，深受学生们的敬爱。

这次重回故乡安徽，邢广生女士坚持要买一瓶安徽名酒——古井贡酒，且特别要最名贵、最好的，并小心翼翼地带回马来西亚。

如此珍重，只为了给她尊敬的《星洲日报》领军人刘鉴铨献上一份心意。

"贡酒，是我们安徽最好的酒，以前是用来进贡给皇帝的，是很珍贵的酒。我想文人或多或少都会有些喝酒的雅兴，所以想借这酒聊表心意。也唯有这样珍贵的古井贡酒，才能表达我对刘先生的敬重之意。"

邢广生如此敬重刘鉴铨，究竟有何原因？

"我于 1947 年来到马来亚，之后这块土地就陷入了极其动荡不安的状态，政治问题、种族问题……当时，《星洲日报》是华人的传声筒，捍卫华人的权益，确实功不可没。我深深觉得，半个世纪以来，如果马来西亚没有《星洲日报》，华文报就不会有今日的局面，华人的际遇可能也会不一样。这一切都是《星洲日报》的功劳，但如果没有刘鉴铨，就不会有今日的《星洲日报》。"

她强调，作为《星洲日报》的领航者，刘鉴铨把《星洲日报》引进了一个全新的格局。他不止办好了一份报纸，也维护了民族的尊严与权益。

她说，刘鉴铨的贡献并非只有她知道，她很多学生都很敬重刘鉴铨。

"那一瓶酒，其实还不足以代表什么。"她说。

刘鉴铨在八九年前写过一篇文章——《蜜蜂缘》。文中出现了这样的字句："蜜蜂日夜辛劳采花酿蜜，产量很大，自己却吃得很少。大约六个月后，活到限数就自动消失。来时无路，去时无踪。养蜂的人也不必为它的后事烦恼。一生就这样执着于该做的事，不问得失，也不计较荣辱。"

在平常的谈话中，他也从不掩饰他对蜜蜂习性的欣赏："蜜蜂一生为人不累人。每次饮用蜂蜜就想到它们的辛劳。然而，人有特殊地位可以动用一切大自然的资源来滋养自己的生命，还往往贪婪滥用。"

他认为一般人也和蜜蜂一样，适合工作年龄内尽量劳动，取了自己的本分，将大部分剩余价值留给别人。这类人被社会视为好人。因为他们占了绝大多数，所以社会相应成为好社会。

他扪心自问，能达到和蜜蜂"习相近"，应是好人一个。

揣摩刘鉴铨的心境，明眼人一下子就想起了两句经典格言："宠辱不惊，看庭前花开花落；去留无意，望天上云卷云舒。"

事实也是如此。交棒之后，刘鉴铨在跟编辑部一些同仁交谈时表达了心中的想法：

我自动要求调任的目的显而易见。我在顺利过渡后，待一切运作如常进行，就全身引退，结束新闻从业生涯。

这个决定过程酝酿了很长时间，我深知报纸不是个人的产品，是集体智慧的结晶，因而我很重视领导集体的人，能够在既定的团结基础上发扬光大，再创辉煌。

2月29日正式宣布新领导人以后，我谨遵公司安排，全心全意配合新任董事经理处理报务，分担例常工作，以便在最短时间完成过渡。督促编辑部依旧独立于行政统辖之外运作自如，也是我当下职责的一部分。

我现在对报纸还存这种近似愚蠢的痴爱，或许很多人都会认为我的理由不牢靠，甚至还会嗤之以鼻！

事实上打从进入报社以来，我就深爱着《星洲日报》，我从来没有把它视为纯洁的圣女，单纯为社会、文教、国家服务；但我视它为挚友，虽有缺点但优点多些。我通过它完成人生的理想。这一点，五十年来从不变。

人在报社，我一定抢在第一时间翻看新出炉的报纸。这是面对每天的"公投"！是快乐与痛苦交纳的时刻！结论是满意的，幸福感会油然而生；反之，发现错误或新闻处理不当或别的问题，顿时心跳加剧，血压上升。这个心路历程周而复始，数十年如一日。

我还是庆幸有《星洲日报》伴随，汲取滋养，让身心得到健康的成长。

今天的报纸真正是逆水行舟。新媒体所形成的大潮是可以善加利用的，但是舵手和身子对报纸的爱护、感情、韧性、干劲和智慧，主报业浮沉！

我已放下生活的包袱，今后不再留职场拼搏，但我依然深爱着这位初恋情人，但愿来者更爱护它，让它永葆青春。这不是聪明人的任务，是傻子的使命！

一日早起，他在晨光下翻书，读到12岁时因患上类风湿性关节炎以致全身关节80%损坏的台湾著名作家杏林子（1942—2003）的散文《生命，生命》：

　　许多年前，有一次，我借来医生的听诊器，静听自己的心跳，那一声声沉稳而有规律的跳动，给我极大的震撼，这就是我的生命，单单属于我的。我可以好好地使用它，也可以白白糟蹋它；我可以使它度过一个有意义的人生，也可以任它荒废，庸碌一生。一切全在我一念之间，我必须对自己负责。

　　虽然肉体的生命短暂，生老病死也往往令人无法捉摸，但是，让有限的生命发挥出无限的价值，使我们活得更为光彩有力，却在于我们自己掌握。

　　从那一刻起，我应许自己，绝不辜负生命，绝不让它从我手中白白流失。不论未来的命运如何，遇福遇祸，或喜或忧，我都愿意为它奋斗，勇敢地活下去。

　　这篇文章深深地打动了刘鉴铨：真是一个顽强的生命斗士！信念真能使人坚强。

　　也正是信念，一直支持着刘鉴铨走在新闻路上。

　　2012 年 4 月，刘鉴铨正式卸下他原来的担子，调任世华媒体集团执行顾问。

　　半年后，刘鉴铨觉得公司接班已顺利过渡。他高兴地看到"长江后浪推前浪"。

　　2012 年 10 月，他向张社长递上呈辞，坚决辞去执行顾问的职位。

　　2012 年 12 月 28 日，刘鉴铨最后一次在《星洲日报》全国采访主任会议上讲话，图为会后留影

2012 年 12 月 31 日，刘鉴铨正式离开他服务了半世纪的《星洲日报》。28 日晚上，张晓卿设了一个欢送刘鉴铨荣休的晚宴，世华媒体集团所有中高阶主管都出席了这个盛大的晚宴。

张晓卿在晚宴上高度评价了刘鉴铨对中文报业的贡献：

CC 老总把一生的生命、精神与智慧，几乎全给了星洲。他的离开，我一时真的接受不来，因为 25 年的生活与工作感情，大家相融、互信与互敬，是刻骨铭心的记忆。但是，从另一个角度出发，CC 为星洲辛苦了 50 年，今天，也应该让他选择悠游与轻松的时候了。

做媒体，我是半路出家，懂得不多，所以我总是对专业敬业的媒体人，怀有无限的崇敬与信任。特别是像马来西亚这样中文媒体生态的恶劣、艰辛、压制，甚至是刁难，大家可谓是尝尽苦头、也面对压力与辛酸。但是，如果有人知其不可为而为之，知其风险与波涛而无惧无畏地勇往直前，并穷其一生的精力，而奉献投效其中者，他可当真是马来西亚中文报界的奇人与能人了。这个人，这种人，放眼马来西亚百年的报坛上，肯定是寥寥可数。如果我说 CC，就是一个这样的人，他就是一个马来西亚中文报界的典范与奇人，他是一个成功的报人，我相信，在座的每一位同事，还有许多关心和支持马来西亚中文报业的读者和朋友，都会投以认同和肯定的掌声。我要请大家起立，一起为 CC 对报业的贡献、对星洲的付出，给予他最热烈的掌声。我今天，由衷地说出这些话，不是为了表面的恭维与讨好，而是我内心，与 CC 共事 25 年来最真切、最直率的感言与表白。

是他对星洲报纸无私的倾注、奉献和带领，才造就了今天星洲媒体的扬眉和荣耀。50 年来，CC 真的够辛苦了！CC 的辛苦，换来了同事们共享的荣誉，但是，辛苦带来的荣誉，却也引来别人对 CC 的忌妒与怀恨，甚至是批评与责骂。周旋在政治的腥风血雨中，CC 更发挥了他高度的机智与自信；在各种人生的折腾与误会中，CC 也展示了他特有的睿智与干练。时间如果可以倒流的话，我真的希望，我们可以重来、重享、重温一次过去共事的欢愉与快乐。对于 CC，我只有信任、感激和感恩。你退休离开星洲，只是一种形式，只是你人生进入了另一个层次、另一个高度和另一个阶段的选择，但是，在同事的眼中，你永远是星洲、是世华这大家庭与生命体中不可分割的一部分。你对报业毕生的贡献、坚守与永不屈服，我希望可以成为年轻同事学习的榜样。

2012 年 12 月 28 日，张晓卿（右十）设盛大宴会欢送刘鉴铨（右十一）。其右为新任董事经理黄泽荣。世华媒体集团高层主管与刘鉴铨一起在台上切蛋糕

刘鉴铨辞职后，《星洲日报》《南洋商报》《中国报》《光明日报》四报总编们请他吃饭，大家都对敬重的老总依依不舍。右起为《南洋商报》执行总编辑陈汉光，《中国报》总编辑张映坤，《星洲日报》执行总编辑郭清江、总编辑卜亚烈、刘鉴铨，世华媒体集团总编辑萧依钊，《光明日报》总编辑彭早慧，《星洲日报》副总编辑郑丁贤，《南洋商报》总编辑庄宗南

除了张社长之外，其他很多同事都流露出依依不舍之情，有些同事还禁不住眼眶泛红。在当晚播放的星洲网编辑制作的短片中，总编辑、主笔、会计员、接线员、马来司机和守卫员、印度传递员等道出了他们对刘鉴铨的尊敬和爱戴。友族同事们说，刘鉴铨平时礼待下属，如果知道他们有困难，不论是工作或生活上的困难，他都会伸出援手。

主笔张立德还写了文章抒发感想：

2012年冬至，文教部同事煮汤圆庆节，曾慧金同事捧了一小碗汤圆给老总，见到老总收拾桌面的一幕，感触很深。老总退休了，她很不舍，也很愧疚，因为老总经常鼓励她多写稿，她却一直疏于动笔，她说老总是年轻同事们的"爷爷"，亲切的爷爷。

我听了慧金的话，心里也有很多的感触；老总退休，我也一样觉得不舍，而且比起很多同事，更是加倍不舍。

我一直都认为自己与老总是亦师亦友的关系。与老总相处、共事，总能够从他身上获取巨大的收获，不管是做人的哲理，应对生活的技巧，还是处理工作上的难题，在公在私，他都是我的导师。老总的关爱，是我继续留在报界的最大动力，因为老总，在星洲日报的这13年，我得到了很大的发挥空间，圆了我的文字梦，也让我的选择不会成为遗憾。

回想与老总相处的点点滴滴，印象最深刻的是，他会开出书单给我，主要是希望我多读英文书，尤其是John Grisham的法律小说。为什么？因为他发现我虽是英国大学毕业，除了教科书以外，所碰的"闲书"大都是中文书，英文书反而少看，他不希望我在华文报上班，却忽略了英文，他本身中英语文皆强，这样才让他在特殊的大马（马来西亚）报界游刃有余，若我能及得上他的一半，在报界的发挥空间自然就大了。不过，他也希望看到我的中文造诣能加强，中文书自然得多看，最好是多啃古文，对他而言，古文的作者文字造诣高，文字中又潜藏博大精深的智慧，多看对加强写作和思维有巨大的帮助。这些是老总交到我手上的锦囊，终身受用，感谢老总。

老总在《星洲日报》服务超过半个世纪，经历过许多国内外大事件，渡过报社危机，面对这一切，他都"从心所欲，行不逾矩"，从普遍的事物中不断发现认识出指导和规范我们思想行为的客观规律，并以它们为准绳，不断修正自我，从而活出了精彩的人生，也赢得了广大的敬重。

张立德的心里话，表达了很多同事对刘鉴铨的敬意。

2012 年，《星洲日报》文教部同事庆祝圣诞节，特请他们十分敬爱的"老总"来主持切火鸡仪式

对于名利、地位的光环，刘鉴铨无心恋战："沉囿于名利虚荣的圈套，再美丽的生活也黯然无光。别人怎么做任由他去。其实，某些人所作所为是现实的典型，生活阶层的表征。我很早就对进出这种场面感到厌倦，现在如愿了！"

许多报社同仁对刘鉴铨的卸任依依不舍，但他挥挥衣袖的手势，却显得潇洒从容。对这一天的到来，刘鉴铨睿智地看得透彻：

我知道日中必移的定律。在下降的轨道上，我已做好准备如何面对停靠在终点站前的撼动。这么多年来我尽量低调，并时刻提醒自己，掌声真假不要理会，只在意自己在台上有没有讲完应说的话，做足该演的功夫！步下台阶时就只有自己。世间没有不可取代的人，更不会没有事可做！在位时尽心尽力，卸任时不带走一片云彩。

尽管从报社引退，他希望未来能继续为社会公益尽点绵薄之力。他想效法杏林子："让有限的生命发挥出无限的价值，使我们活得更为光彩有力"；"应许自己，绝不辜负生命，绝不让它从我手中白白流失。"

青山遮不住，毕竟东流去。

在马来西亚的新闻史上，他是一个不可或缺的符号，镌刻在风云跌宕、泪雨纷飞的新闻时空。

他上善若水，亦朴实无华。

他说：我来了，过了，忘了，了了。

了了就好。

刘鉴铨依然还是刘鉴铨。

职场五十年，那些风雨如晦、那些黑云压顶、那些刀尖游走、那些仗义直言，种种挫折、种种磨砺，他没有任何后悔。

他会有那么一点点的遗憾，那就是已经做得很不错的《星洲日报》，也许应该做得更好一些。

那是希冀，是永无止息的理想，是一个报界传奇最虔诚的期许。

刘鉴铨的办公室门口的墙上悬挂着一幅龙飞凤舞的书法作品，上面写着中国唐代诗人高适的绝句："莫愁前路无知己，天下谁人不识君。"

识与不识，这不是刘鉴铨的诉求，从来都不是。

他卸任后，跟三五知己茶叙时，吟起了他最喜爱的苏东坡的《定风波》：

莫听穿林打叶声，何妨吟啸且徐行。竹杖芒鞋轻胜马，谁怕？一蓑烟雨任平生。

料峭春风吹酒醒，微冷，山头斜照却相迎。回首向来萧瑟处，归去，也无风雨也无晴。

但他最念念不忘的还是：无住生心。

刘鉴铨喜欢看海，大海的辽阔无边，令人的心胸变得广阔

附　录

附录一

2010 年第二届星云真善美新闻传播贡献奖
推荐呈文

本文是时任星洲媒体集团总编辑的萧依钊、《光明日报》总编辑彭早慧、时任《星洲日报》副总编辑的曾毓林于 2010 年向星云真善美新闻传播贡献奖委员会联合推荐刘鉴铨的呈文。

刘鉴铨是出生在马来半岛大汉山脚下一个山村的农家之子，虽生长在贫瘠的环境中，却仍汲汲求学，力求上进。青年时期甫踏出校门，即怀抱着为家国服务、为族群喉舌的理想，踏入新闻界——五十年过去了，今天，这个当年的农家男孩，是马来西亚新闻界最资深的媒体人；更是筚路蓝缕，在华文不被视为主要媒介的国度，引领着华文报业晋身国家主流媒体前列的重要推手。

他，是从事新闻事业半个世纪，至今仍为马国报业前路（参见《马来西亚报事业路在何方》，刊于 2010 年 5 月 16 日的《星洲日报》）念兹、在兹的媒体人刘鉴铨。写马来西亚报业发展史，刘鉴铨是一个不能不提的名字。他的一生都献给了新闻事业，即使是在威权专制的最艰苦时期，依然坚守新闻岗位，从不言弃。因为他及其他许多报界前辈的不屈不挠，华文报才能在过去华文长期受挤压的马来西亚屹立不倒。

刘鉴铨于 1939 年 3 月 28 日在马来西亚彭亨州文德甲镇联增村出生。父亲原是广东省鹤山市的读书人，20 世纪 30 年代初因避祸南逃到一个偏远山村，以务农为生。

他在 1960 年初即投身新闻事业，曾先后任职《中国报》记者，《星洲日报》记者、采访主任、执行总编辑、总编辑、集团编务总监、执行董事、董事经理。综观马来西亚新闻界，包括英巫（马来文）文报章在内，再无第二人拥有刘鉴铨般如此完整的报人履历。

他在青年时期积极推动新闻业职工会运动，为了团结及维护新闻从业员的福利，曾在 20 世纪 70 年代初和马来西亚及印度裔优秀新闻人联手重组已停止活动

的马来西亚全国新闻从业员工会。他后来又积极推动创办东盟新闻从业员联合会，曾任马来西亚全国新闻从业员工会总秘书5年。

青年时期的他怀着满腔政治理想，在20世纪60年代新马分离之前，幕后协助民主行动党的文宣工作。70年代初曾积极参与支持一群华裔青壮年政治领袖发动的华人政治改革运动。

自80年代初起，刘鉴铨连续四届担任马来西亚华文报刊编辑人协会会长，并曾经担任马来西亚国家新闻社皇家咨询委员会成员、马来西亚新闻学院理事、国家新闻道德准则起草委员会委员及设在马尼拉的亚洲报业基金会训练顾问兼讲师等职位。他备受国内外新闻界敬重，驻马来西亚的外国通讯员在评论马来西亚时事时常征询他的意见。

50多年来，他曾执行过多次重大采访任务。1969年，马来西亚爆发了"五一三种族冲突事件"，为了让外界知道排华真相，他不顾生命危险，坚守新闻岗位。（参见星洲日报社出版的《历史，写在大马土地上》第29页）

即使是担任总编辑之后，职务繁重，遇到重大事件，刘鉴铨仍率领团队出征。1998年，他冲破重重障碍，率领一支采访队伍到泰国专访前马来亚共产党总书记陈平。马来西亚情报单位知悉这次专访，下令禁止刊登访问内容，经过半年的争取，专访系列方才刊载。后来，他把这些珍贵的历史资料辑录成《青山不老——马共的历程》（星洲日报社出版）一书。

1991年，马来西亚华文报刊编辑人协会为表彰他对新闻事业的贡献，颁予新闻事业服务精神奖。

在报社，刘鉴铨是整个团队的精神领袖，也是年轻记者们景仰的学习楷模。1987年，《星洲日报》陷入双重危机，先因亏损过巨而遭银行接管，接着因捍卫华文教育而被当局下令停刊，彷徨失措的同仁都仰望他解决困境。他四处奔走，终于得到张晓卿先生慷慨出资拯救，并向首相马哈蒂尔据理力争，重获出版准证。（参见《历史，写在大马土地上》第66～071、102～103页）

半个世纪以来，刘鉴铨率领报社同仁，在布满地雷和荆棘的新闻道路上艰难前进。为了保护许多有理想、敢于闯禁区的新闻人，他不得不长期与各方人物周旋，有时强硬，有时委婉，却从不减新闻人的血气风骨。

时报社出版的《黑夜中寻找星星》对那群走过戒严时期的资深记者所下的概论，对刘鉴铨也是相当贴切的写照："这群人散布在最保守到最激进的媒体。他们在风声鹤唳、草木皆兵的高压气氛中匍匐前进，姿态多半扭曲变形，很难保持优雅好看……有的人想尽办法在文章'埋地雷'，……有的人则与情治单位大玩'捉迷藏'游戏；后人想象他们坚定勇敢，他们身处其中却可能狼狈不堪。"

附录二

2010 Tokoh Wartawan Negara C. C. Liew

[Citation by Malaysian Press Institute for the Tokoh Wartawan Negara (Eminent Journalist) 2010 awar]

（本文是马来西亚新闻协会对2010年国家报人奖得主刘鉴铨的赞语）

The 2010 Tokoh Wartawan Negara Datuk Liew Chen Chuan, affectionately known as C. C. Liew to friends in the press fraternity, is the undisputed unsung hero of Malaysian journalism. After nearly half a century in the *Sin Chew Daily*, Liew is at the pinnacle of his career as a professional journalist rising from the ranks to become both group managing director and editorial director of Malaysia's top Chinese daily newspaper.

The declaration of Liew as the 2010 Tokoh Wartawan, the 8th Malaysian journalist and the first from the Chinese press, on Wednesday 6 October 2010, is certainly an honour most appropriated and well – deserved.

Under his editorship, the *Sin Chew Daily* has become the largest and most influential Chinese media group in Malaysia. After its current corporate restructuring, the group is now poised to be a significant global media player and the biggest Chinese media group in the world outside of mainland China.

Under Liew, the newspaper introduced bold new moves like grooming a woman to take over from him as the group editor – in – chief – the first among Chinese newspapers in Malaysia. The Sin Chew group has introduced not only an online edition but also a separate online edition fully in English – another first in the industry.

Success has its price. The *Sin Chew Daily* was shut down by the government during Operation Lallang in 1987, a period of heightened political unease that beset the country. Like the proverbial captain of a sinking ship, Liew chose not to abandon both his readers and staff. This he did despite having job offers from other Chinese newspapers and elsewhere.

After five and a half months, the paper got back its publishing licence and hit the streets again with its core editorial team and integrity intact. This group of working journalists, under him as their mentor, have become the newspaper's most senior editors today responsible for giving the *Sin Chew Daily* its professional, intellectual and moral character.

Liew was also out in the cold when new owners took control of the Sin Chew group during the recession of the 1980s and ran it to the ground. Again, he chose not to abandon ship but persuaded the liquidators not to foreclose the newspaper.

It was not until new owners were found to restart the paper, did Liew hand in his resignation to give the new publishers a free hand. But he was urged to stay on with an assurance that he can continue to run the newspaper professionally and without undue interference.

Although bestowed with a Datukship, he is bashful to a fault to be addressed as a Datuk, preferring instead to be known simply as C. C. As always, he is an intensely private person with both an egalitarian and cosmopolitan outlook.

Liew is a soft – spoken man of few words yet he has the uncanny habit of being politically incorrect and a 'loud mouth' as he describes himself. This did not endear him to those in the corridors of power nor the more conservative of the Chinese lobby. But Liew stuck to his guns as a good newspaper man would and should. For this, he was feathered and tarred as the new leftist, a running dog of the establishment, and traitor to his own kind and much more. He took it all in a stride. He knew from very early on he cannot serve two masters. And journalism is his only true calling.

Liew's twin guiding principles as a newspaperman are respect for truth, and fair and balanced presentation. This he unflinchingly upholds under any circumstances.

Despite his influential position as editor of an important Chinese newspaper, Liew is first and foremost a nationalist where nation – building through unity, peace and harmony overrides narrow sectarian agenda. His has been an unpopular stance yet over the years, he has been vindicated as evidenced by the phenomenal growth of the Sin Chew Daily. His detractors may not like him but they have grown accustomed to his professionalism as a newspaperman and have accorded him due respect, grudgingly or otherwise.

Despite being hauled up and dressed down by the powers that be over the years, he continues to articulate on public issues and national policies as persuasively as ever, without fear or favour. He has learned to cultivate an uneasy working relationship with

them and they with him.

Liew sees personal character and integrity as the core values of good journalists. In difference and unethical behaviour have no place in journalism to him. He makes it known to his staff that he will not tolerate journalists who abuse their position for personal gain. Those who neglect their professional, intellectual and social responsibility as journalists do not last long in the Sin Chew group.

Liew was born on 28 March 1939 in Mentakab, Pahang, and later moved to Kuala Lumpur to finish his education at the Confucius High School. After a short stint as a temporary teacher and clerk, he decided to take up the pen and joined the China Press as a rookie reporter and shortly later he joined the *Sin Chew Daily* where he has remained till now. Along the way, he picked up a journalism diploma and obtained a law degree.

Although Chinese educated, Liew is also good in English and has a working knowledge of Bahasa Malaysia, a rare skill among the Chinese working journalists. This helped to shape his world view and a burden to reach out to non – Chinese speaking communities.

Concerned with improving conditions for the working journalists, Liew plunged himself into building up the National Union of Journalists (NUJ) which was then in its formative stage. He became its general secretary for five years which is unprecedented as this key position is normally held by someone from the English newspapers.

One of his concerns was to bring journalists from the Utusan Melayu back into the NUJ fold to ensure a balanced representation of working journalists in the country. Since then, Utusan Melayu journalists have been playing a significant role in the NUJ, often holding the presidency.

Under his term of office, the NUJ bought its first and only building relying on overdraft facilities instead of a loan. This is about the only trade union in Malaysia having acquired a property under such an unusual arrangement with the bank.

His NUJ experience puts him in a good position to balance the interest of working journalists under him and the interest of the newspaper owners above him. His staff looks up to him as an editor rather than a boss. His bosses look at him as a professional newspaperman than a mere functionary.

Shortly after the formation of Asean, Liew together with his counterparts from the Philippines, Singapore and Indonesia met in Jakarta and mooted the formation of the Confederation of Asean Journalists. Among those present to draft the founding charter

was Hamoko, who later became Indonesia's Information Minister.

In the 1980s, Liew was also the president of the Malaysian Chinese Editors Association for an unprecedented four terms. He is also a founding member of the Organization of Newspaper Editors (ONE) and has served on the board of the Malaysian Press Institute (MPI), National Journalists Ethics Drafting Committee as well as on the now defunct Press Foundation of Asia, apart from picking various press awards along the way.

Liew is also the only journalist to sit on the four – member advisory council of the Bernama, the national news agency. It is headed by a former judge together with a university vice – chancellor and the director – general of information as panel members.

Liew is into his retirement age. From a hand that writes, Liew is now the hand that guides a new generation of journalists in a fast – changing borderless world of news and information. The technology may be new but the exacting demands of journalism remain unchanged. Liew is among those who helps define what good journalism is all about. He is Malaysian journalism's unsung hero – a Tokoh Wartawan Malaysia to the core.

附录三

传承与分享

萧依钊

非常高兴今天可以在这里，和大家分享我们《星洲日报》的传承。

在我进入正题以前，想跟各位分享一件有趣的事。在我接到这个讲题之前，其实已决定了这一趟的行程，会和我们的老总刘鉴铨先生，以及副总编辑曾毓林先生一起同行。

十年一代，我们三人，刚好形成了传承的三代。与我们今天要谈的"传承与分享"，不谋而合。

我在这里特别介绍一下，刘鉴铨先生是第二届海外区星云真善美新闻传播贡献奖的得主，1961年就加入报界，距今已服务超过50年，是非常资深的报人。

华人在马来西亚并非主流民族，在全国人口中只占1/4，而且不是每一个华人都懂得中文。全马我们有十多家华文报，竞争非常激烈，生存环境困难。相对主流的英文报和马来文报，总共只有八家，包括八卦小报的。在这样的情况下，我们《星洲日报》的发行量可以超过主流英文报、马来文报，影响力也和它们并驾齐驱，真的可以说是异数。不过，这个奇迹，其实也是经过几代人的共同努力创造出来的。

我还记得当年我初入报社，当时刘鉴铨先生是采访主任，他给予的指示，我到现在都没有忘记。

第一，他告诉我，我们马来西亚的新闻人，头上有"五把刀"，那是五项管制新闻自由的法令。这"五把刀"，把新闻自由给圈限了起来。我们被这圆圈给束缚着。我们或许气愤，或许无奈，或许有种种的情绪；有人因此选择放弃，有人自暴自弃，有人胆小怕事甘于停留在圆圈的安全地带。但是，一个好的新闻人，不应该是这样的。我们应理智且冷静地面对现实，用我们的智慧，游走在圆圈的最外围。这场仗是长久的持续战，不能情绪化处理，但我们应尽最大的努力，去满足读者们的知情权，让他们知道应该知道的事情。

第二，他让我知道，新闻线上有很多"地雷"。我们做新闻的，很多都是文

艺青年。然而，就如刚才我所说的，我们无须横冲直撞，把自己和报纸都给炸得粉身碎骨。这是不必要的牺牲。绕些圈，我们一样可以到达目的地。用些技巧，譬如反问、譬如讽刺、譬如揶揄……到最后一样可以把信息传递给读者，不必用最直接的方式。

第三，新闻人必须自重自爱。"拿人手短，吃人嘴软。"新闻生涯中充满了诱惑，各方都想收买。别以为自己只是一名小记者，拿些小好处不碍事。如果你真的拿了，那你一辈子都会抬不起头来。有一天如果你当上了主管，可能还会让整个报社都受到"胁持"。

刘总教导我们，在面对权贵的时候，心里必须念想着那些散落在全国各地的百万读者。只要优先考量这些读者，那么你自然就会判断新闻价值的轻重，即使面对强权也无所畏惧。

刘总的这些话，让我终生受用无穷。而这些话，也成了我勉励后进新闻人的指标与方向。

我们的副总编辑曾毓林，他是我带的第一批学生记者之一，进入星洲日报社之后，也一直与我共事。如今他主管的副刊在读者中是有口皆碑的。他常思索的问题是：副刊该"陪"读者走？还是"带"读者走？副刊要如何让读者在纷扰中不会对人性失去信心？如何尽量把人性中的恶缩小一点，把善扩大一点？许多人说，他是用心，而不是用脑编副刊。

我们的同仁常自我鞭策说，我们不能丧失"报人的精神"，毓林对副刊的用心，就体现了"报人的精神"。

刚才说的那些，是新闻理念上的，也谈了我们的传承。

在这里，我还想分享一份心情，一份景仰的心情。

20 世纪 90 年代以前，我们马来西亚的新闻人都在仰望中国台湾。当时中国大陆媒体与外界隔绝，中国台湾报章是我们唯一有机会接触的。因此，我们非常熟悉台湾地区的报业，像《联合报》《"中国"时报》……也从中学到了不少。

特别是高风亮节的评论人，如张作锦先生、王健壮先生、南方朔先生等，我都很佩服他们。我钦佩他们的洞观烛见，我欣赏他们那种充满救世自任的情怀和精神。他们的文章，一直都在追求着真理，为公义而发声。

张作锦说过："面对吾土吾民，应该要有谭嗣同的'愿将此身化明月，照君车马渡关河'那样的责任和抱负。"他的这一番话，对我影响至深。也因此，我还曾邀张作锦先生巡回马来西亚七个城市，为我们的同事讲课，希望可以给年轻的同事灌输一些新闻人应有的观念，以及正确的态度。

最后，我想用一番话，和所有的新闻人共勉。

在我很年轻的时候，我就深知，一支笔，伤害人，有时是比刀还锋利的。因

此三十多年来，我从来不做人身攻击。我的文章或评论，都是对事，从不对人。不管是赞美或指责，我都小心遣词、谨慎用字。年纪渐长，我知道了什么是因果，也相信这世界确实有业报，下笔也就更加严格要求自己了。

（本文是世华媒体集团原总编辑萧依钊于 2012 年 12 月 1 日在高雄佛光山举行的新闻讲座会上的讲话稿）